목사님, 구원이 헷갈려요

조현삼 지음

목사님, 구원이 헷갈려요

ⓒ 생명의말씀사 2014

2014년 3월 10일 1판 1쇄 발행
2021년 4월 30일 6쇄 발행

펴낸이 | 김창영
펴낸곳 | 생명의말씀사

등록 | 1962. 1. 10. No.300-1962-1
주소 | 서울시 종로구 경희궁1길 6 (03176)
전화 | 02)738-6555(본사) · 02)3159-7979(영업)
팩스 | 02)739-3824(본사) · 080-022-8585(영업)

지은이 | 조현삼

기획편집 | 유선영, 김현정
디자인 | 박소정, 최윤창
인쇄 | 영진문원
제본 | 정문바인텍

ISBN 978-89-04-16452-3 (03230)

저작권자의 허락없이 이 책의 일부 또는 전체를
무단 복제, 전재, 발췌하면 저작권법에 의해 처벌을 받습니다.

목사님, 구원이 헷갈려요

조현삼 지음

생명의말씀사

목차

1부
구원 문제로 헷갈려 하는 그리스도인들을 위하여

1장 | **구원이 필요한 사람** _ 13
2장 | **구원에 이르는 믿음** _ 17
3장 | **예수 믿는 사람이 받는 구원** _ 30
4장 | **살아서 받는 구원** _ 35
5장 | **죽어서 받는 구원** _ 54
6장 | **구원이 헷갈리는 이유** _ 59
7장 | **구원이 혼란스러워지는 경우** _ 62
8장 | **하늘에 계신 내 아버지의 뜻** _ 86
9장 | **구원에 대해 다른 사람 헷갈리게 하지 않기** _ 100
10장 | **헷갈리지 않고 천국 살기** _ 102

2부
이 땅에서 구원받은 자로 살기
– 프로젝트명 사랑하라

1장 | **사랑의 보물 창고** _ 121
2장 | **새 계명, 사랑** _ 134
3장 | **사랑의 증표** _ 147
4장 | **받은 사랑, 주는 사랑** _ 160
5장 | **그래도, 사랑!** _ 179

에필로그 _ 198

1부

구원 문제로 헷갈려 하는 그리스도인들을 위하여

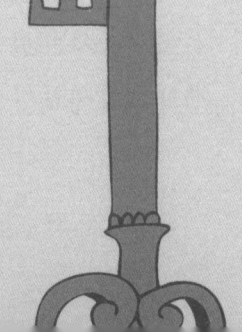

구원, 이것은 참 쉽고도 명료합니다. 복잡하고 헷갈릴 이유가 없을 것 같습니다. 그러나 또한 구원처럼 복잡하고 예수 믿는 사람들을 헷갈리게 하는 것도 흔치 않은 것 같습니다. "구원받았다"며 기뻐하던 사람이 얼마 후 "아무래도 나는 구원받지 못한 것 같다"라고 풀이 죽어 말합니다. 그러다 또 얼마 후에는 "구원받은 게 맞는 것 같다"라고 말합니다. 여기서 끝나는 것이 아닙니다. 앞으로도 몇 번을 더 이렇게 왔다 갔다 할지 모릅니다.

  "구원은 사람의 행위로 말미암지 않고 오직 값없이 주시는 하나님의 의義로 받는 것"이라는 설교를 들은 날은 구원받은 것에 대한 감사로 마음이 평안합니다. 그러나 "나더러 주여 주여 하는 자마다 다 천국에 들어갈 것이 아니요 다만 하늘에 계신 내 아버지의 뜻대로 행하는 자라야 들어가리라"마 7:21는 말씀을 읽은 날은 또 자신이 없어집니다. '오직 은혜와 믿음'을 강조하는 말씀을 들을 때는 구원받았다고 확신하다 '율법과 행위'에 대한 말씀을 들을 때는 흔들립니다. 구원이 성경

본문에 따라 달라지고 설교자에 따라 달라지는 유동적인 것은 물론 아닙니다. 그러나 사실 많은 그리스도인이 이런 혼란과 헷갈림 속에 지내고 있습니다.

예수 믿는 사람들 가운데 자신의 행위로 구원받는다고 말하는 사람은 거의 없습니다. 대부분 믿음으로 구원받는다고 말합니다. 그러면서도 마음 한 편으로는 "그래도 구원받기 위해서는 어느 정도 행위는 더해야 하지 않을까" 하고 생각하는 것 같습니다. 이렇게 생각하는 사람들에게 이어지는 문제는 "구원받기 위해 믿음에 더할 나의 행위는 어느 정도여야 하는가?", "은혜에 더할 나의 율법 준수는 어느 정도여야 하는가" 하는 것입니다. 어느 정도가 되어야 하나님께서 "이만하면 됐다" 하고 구원을 확정해 주실지 감이 잡히지 않습니다. 이것에 대한 확신이 없다 보니 결국은 행위로 구원받는다고 생각하는 사람만큼이나 불안합니다. 자신의 행위에 대한 실망이 곧 구원의 불확실로 이어지기 때문입니다.

이런 혼란의 원인 중 하나는 은혜와 율법, 믿음과 행위와 관련이 있습니다. 성경이 은혜와 믿음만 취하고 율법과 행위는 버린다면 구원에 대한 헷갈림은 현저하게 줄어들 것입니다. 그러나 성경은 은혜와 믿음을 강조하면서 동시에 율법과 행위도 강조합니다. 구원에 대해 헷갈리지 않으려면 성경을 통해 믿음과 행위가 무엇인지 알고 이것이 구원과 어떤 관계가 있는지 알아야 합니다.

이와 더불어 구원에 대한 혼란과 헷갈림으로부터 벗어나기 위해서는 사람이 구원받는 것이 오직 믿음으로 받는 것인지, 아니면 율법의 행위로 받는 것인지, 아니면 선행으로 받는 것인지를 확실하게 할 필요가 있습니다.

당신의 구원관은 다음 중 어느 것입니까?
① 오직 믿음으로 구원받는다
② 율법의 행위로 구원받는다(율법을 지킴으로)
③ 선행으로 구원받을 수 있다

사람에 따라 ①이라고 믿을 수도 있고, ②라고 믿을 수도 있고, ③이라고 믿을 수도 있습니다. 교회에 다니는 사람들의 구원관은 대부분 ① 아니면 ②입니다. ①과 ②를 합친 경우도 있을 수 있습니다. 교회 다니는 사람들 중에 구원관이 ③인 사람은 거의 없습니다. 하나님도 예수님도 부인하며 자신의 선행으로 구원받을 수 있다고 생각하는 사람이 여기 해당

합니다. 착하게 살면 구원받는다고 생각하는 사람들입니다. 그리스도인들에게 이들은 전도대상입니다. 만약 ③이 당신의 구원관이라면, 이 책 대신 필자의 『행복의 시작, 예수 그리스도』를 권합니다.

구원관이 중요한 이유는 구원관에 따라 구원의 근거가 다르기 때문입니다. 구원관이 ①인 사람은 구원의 근거가 믿음입니다. ②인 사람은 구원의 근거가 율법의 행위입니다. ③인 사람은 구원의 근거가 선행입니다. 자신의 구원을 판단할 때도 다른 사람의 구원을 판단할 때도 이 근거를 적용합니다. 구원관이 ①인 사람이 볼 때 믿음이 있으면 그는 구원받은 사람입니다. ②인 사람이 볼 때 율법의 행위가 있으면 그는 구원받은 사람입니다. ③인 사람이 볼 때 선행이 있으면 그는 구원받은 사람입니다.

이 책은 하나님이 디자인하시고, 성경을 통해 우리에게 가르쳐 주신 구원은 ①이라는 것을 믿고 그것을 전제로 썼습니다. 그런데 왜 많은 그리스도인이 ①이라고 믿으면서도 ②인 것처럼 구원에 대해 혼란스러워하고 헷갈리는지, 그 이유를 찾아보고, 성도들을 이런 혼란과 헷갈림으로부터 벗어나게 하려는 것이 이 책의 목적입니다.

1
구원이 필요한 사람

어떤 사람에게 구원이 필요하다는 말은 구원의 대상인 그가 지금 위험한 상황에 처해 있다는 의미입니다. 구원을 구출이라는 단어로 바꿔 생각해 보면 그 의미가 더욱 쉽게 다가옵니다. 사람에게 구원이 필요하다는 말은 지금 그 사람이 처한 상황이 구출이 필요한 상태라는 의미입니다. 먼저 우리는 구원이 필요한 사람의 상태를 살펴볼 필요가 있습니다.

죄의 형벌 아래 있는 사람의 상태, 살아 불행 죽어 지옥

인간의 시조인 아담이 죄를 지음으로 말미암아 모든 인류가 죄인이 되었습니다. 죄로 말미암아 타락한 사람에게 형벌이 찾아왔습니다. 죄의 형벌은 정녕 죽는 것입니다. 사망입니다. 정녕 죽는 것, 사망은 단순한 죽음만 의미하는 것이 아닙니다. 아담과 하와가 죄를 지음으로 말미암아 그들에게 죽음이 찾아왔습니다. 그렇다고 아담과 하와가 죄를 짓자마자 바로 죽은 것은 아닙니다. 그들은 죄를 짓고도 이 세상에 살았습니다. 죽지 않고 살았지만 그 삶 자체가 그들의 형벌이었습니다. 환경적으로는 땅은 저주를 받았고 저주 받은 땅에서는 가시덤불과 엉겅퀴가 났습니다. 그들이 낳은 아들들이 서로 싸우고 큰 아들이 작은 아들을 쳐 죽였습니다. 사는 게 지옥이라는 탄식이 절로 나오는 삶이 그들의 삶이었습니다.

인간이 죄를 지음으로 받은 형벌을 둘로 나눠 보면, 살아 이 세상에서 받는 형벌과 죽어 저세상에서 받는 형벌로 나눌 수 있습니다. 사는 동안 받는 형벌은 다양한 이름과 모양으로 나타납니다. 그 형벌의 이름을 공허함과 허전함과 외로움, 염려와 근심과 걱정, 서운함과 미움과 증오, 불만과 불평과 원망, 시기와 질투와 쟁투, 불안과 두려움과 공포라고 부를 수도 있습니다. 이 모든 것을 포괄하여 불행이라고 하는데 이의가 없을 것입니다. 그렇습니다. 사람은 죄로 말미암아 불행해졌습니다. 불행은 죄를 지은 사람이 이 세상에 살면서 받는 형벌입니다.

　죄로 말미암아 사람이 받는 형벌은 이 세상에서 끝나지 않습니다. 사람은 죽습니다. 그러나 죽는다고 해서 그것으로 인생이 끝나는 것은 아닙니다. 죽음 후에 또 다른 세상이 있습니다. 죽음 이후 세상에서 죄인을 기다리는 형벌이 있습니다. 그것은 지옥입니다. 이 땅에서 불행하게 살던 사람이 죽으면, 그의 육체와 분리된 영혼은 지옥에 떨어집니다. 이것이 죽은 다음에 받을 형벌입니다.

　정리하면, 사람은 죄로 말미암아 이 세상에 살아 있는 동안에는 불행하다 죽어서는 지옥에 떨어지게 되었습니다. 살아 불행, 죽어 지옥이 죄로 말미암아 사람에게 임한 형벌입니다. 이것이 죄로 말미암아 사람에게 닥친 비참함입니다. 이 땅에서는 불행이라는 창살 없는 감옥에 갇혀 살다 죽어서는 지옥에 갇혀 영원히 고통 가운데 지내야 합니다. 이것이 죄를 지은 사람이 처한 상태입니다. 이 상태가 구원이 필요한 인간의 현실입니다.

　사람들 중에는 자신이 이런 상태임을 아는 사람도 있고, 모르는 사람도 있습니다. 구원의 필요성을 느끼는 사람과 느끼지 못하는 사람이 있습니다. 구원의 필요성을 느끼지 못하는 사람들에게는 죄로 말미암아 지금 자신이 얼마나 비참한 상태에 처해 있는지를 알려 줄 필요가 있습니다. 스스로 괜찮은 사람이라고 생각하며 살고 있는 그에게 그가 죄인임과 죄로 말미암아 지금 상황이 어떠하고, 또 앞으로 어떻게 될 것인가를 가르쳐 줘야 합니다. 불행한 삶의 원인이 죄의 결과라는 것롬 6:23과 한 번 죽는 것은 사람에게 정해진 것이고 그 후에는 심판이 있다는 것히 9:27을 알려 줘야 합니다.

2
구원에 이르는 믿음

성경은 구원받는 방법에 대해 아주 간단명료하게 선포하고 있습니다. "주 예수를 믿으라 그리하면 너와 네 집이 구원을 받으리라."행 16:31

그렇습니다. 구원은 예수님을 믿음으로 받습니다. 이제 우리는 예수님을 믿는 것에 대해 좀 더 구체적으로 살펴보려고 합니다.

예수님을 사대성인四大聖人 가운데 한 분으로 믿는 사람이 있습니다. 예수님을 정의의 사도로 알고 그렇게 믿는 사람도 있습니다. 예수님을 가난하고 병든 자들을 위해 살다 간 위대한 분으로 알고 믿는 사람도 있습니다. 예수님을 선지자 중에 한 사람으로 믿는 사람도 있습니다. 예수님에 대해 비방하고 비난하는 사람들에 비하면 이런 사람들은 호의적입니다. 그러나 이 믿음은 구원에 이르는 믿음은 아닙니다.

그렇다면 구원을 받기 위해서는 예수님을 어떻게 믿어야 할까요?

예수께서 제자들과 함께 빌립보 가이사랴 지방에 가셨을 때 일입니다. 예수께서 제자들에게 사람들이 자신을 누구라 하는지 물었습니다. 제자들은 "더러는 세례 요한, 더러는 엘리야, 어떤 이는 예레미야나 선지자 중의 하나라 하나이다" 마 16:14라고 대답했습니다.

예수님께서는 이번에는 제자들에게 "너희는 나를 누구라 하느냐" 마 16:15고 물으셨습니다. 베드로가 "주는 그리스도시요 살아 계신 하나님의 아들이시니이다" 마 16:16라고 대답했습니다. 이 유명한 베드로의 신앙고백 속에는 예수가 그리스도라는 사실과 하나님의 아들이라는 사실이 들어 있습니다.

베드로의 신앙고백을 들으시고 예수님께서 베드로에게 "바요나 시몬아 네가 복이 있도다 이를 네게 알게 한 이는 혈육이 아니요 하늘에 계신 내 아버지시니라" 마 16:17고 말씀하셨습니다. 예수가 그리스도이심을 믿는 믿음을 예수님은 복이 있다고 하셨습니다.

베드로의 대답 속에 우리가 찾는 답이 있습니다. 구원을 받기 위해서는 예수를 그리스도와 하나님의 아들로 믿어야 합니다.

예수님을 그리스도로 믿는 믿음

그리스도는 헬라어입니다. 히브리어로는 메시야입니다. 하나님께서 그의 백성을 구원하기 위해 메시야를 이 땅에 보내시겠다고 구약성경을 통해 약속하셨습니다. 그 약속대로 이 땅에 오신 메시야가 바로 예수님입니다. 세겜에 있는 우물가에서 예수님이 사마리아 여인과 대화를 나누신 적이 있습니다. 그때 사마리아 여자가 예수님에게 "메시야 곧 그리스도라 하는 이가 오실 줄을 내가 아노니 그가 오시면 모든 것을 우리에게 알려 주시리이다"요 4:25라고 말했습니다. 이 여인의 말을 듣고 예수님이 그녀에게 "네게 말하는 내가 그라"요 4:26고 말씀하셨습니다. 예수님이 스스로 자신이 메시야이심을 드러내셨습니다.

예수님을 메시야로 믿은 사람들은 예수님의 제자가 되었고, 예수님이 메시야이심을 부인한 이들은 예수님을 배척하였고 나아가 예수님을 십자가에 못 박았습니다. 예수님을 십자가에 못 박은 바리새인들도 예수님을 선지자 중에 한 사람 정도로는 받아 주려고 했을지 모릅니다. 그러나 예수님을 메시야로는 받아들이지 않았습니다. 바리새인들이 예수님을 십자가에 달아 죽인 근본적인 이유는 예수님을 메시야로 믿지 않았기 때문입니다.

구원을 위해서는 반드시 예수님을 자신의 메시야로 받아들여야 합니다. 예수를 자신의 유일한 메시야로 믿어야 합니다. 예수께서 그리스도이심을 믿는 자마다 하나님께로부터 난 자라고 요한일서 5장 1절은 확인해 주고 있습니다.

우리가 잘 아는 대로 메시야 곧 그리스도는 기름 부음을 받은 자라는 의미입니다. 구약시대에 기름 부음을 받는 직이 셋 있었습니다. 제사장, 선지자, 왕은 하나님이 기름을 부어 세우셨습니다. 그리스도이신 예수님은 한 몸으로 이 세 가지 직분을 다 담당하셨습니다. 우리는 제사장이신 예수님을 통해 하나님께 나아갑니다. 우리가 기도할 때 예수의 이름으로 하는 이유도 예수님의 제사장적 사역과 관련이 있습니다. 우리는 선지자이신 예수님을 통해 하나님의 뜻을 압니다. 우리는 왕이신 예수님의 통치를 이 땅과 영원한 나라에서 받습니다. 예수를 그리스도로 믿는 사람은 예수님을 통해 하나님께 나아가고, 예수님을 통해 하나님의 뜻을 알고, 예수님을 통해 다스림을 받습니다.

예수님을 하나님의 아들로 믿음

예수님이 자신이 누구인지 묻는 질문에 베드로는 예수님은 그리스도라는 고백과 함께 살아 계신 하나님의 아들이라고 고백했습니다. 그렇습니다. 예수님은 하나님의 아들입니다. 하나님의 사랑하는 외아들입니다.

하나님께서는 그 아들 예수를 우리를 구원하기 위해 이 땅에 보내 주셨습니다. 하나님은 사랑하는 아들을 아끼지 않으시고 사람의 몸을 입혀 이 세상으로 보내 주셨습니다.

"하나님의 사랑이 우리에게 이렇게 나타난 바 되었으니 하나님이 자기의 독생자를 세상에 보내심은 그로 말미암아 우리를 살리려 하심이라."요일 4:9

"하나님이 세상을 이처럼 사랑하사 독생자를 주셨으니 이는 그를 믿는 자마다 멸망하지 않고 영생을 얻게 하려 하심이라."요 3:16

사람은 살기 위해 태어나지만 예수님께서는 죽기 위해 이 땅에 강생降生하셨습니다. 이것은 택하신 자들을 구원하시기 위한 하나님의 큰 사랑입니다. 구원에 이르는 믿음은 예수님을 하나님의 아들로 믿는 믿음입니다. 아버지가 아들을 세상의 구주로 보내신 것을 본 사도 요한은 "누구든지 예수를 하나님의 아들이라 시인하면 하나님이 그의 안에 거하시고 그도 하나님 안에 거하느니라"요일 4:15고 증거하고 있습니다.

예수님을 하나님으로 믿는 믿음

요한은 요한복음을 시작하면서 말씀이 육신이 되어 이 땅에 오신 예수님을 증거했습니다. 그 핵심은 '예수님은 하나님이시다' 입니다. "태초에 말씀이 계시니라 이 말씀이 하나님과 함께 계셨으니 이 말씀은 곧 하나님이시니라."요 1:1 여기서의 말씀은 예수 그리스도를 가리킵니다. 요한은 천지창조 역사 중에 그 어느 것 하나도 예수가 없이는 된 것이 없다고 선포했습니다.요 1:3

요한은 도마의 고백을 자세히 소개하고 있습니다.

예수님이 십자가에 달리시고 사흘만에 부활하신 후 일입니다. 도마가 없을 때 부활하신 예수님이 제자들이 모여 있는 곳을 다녀가셨습니다. 도마가 오자 제자들이 도마를 붙잡고 흥분해서 우리가 주를 보았다고 했습니다. 동료들의 말을 들은 도마의 반응은 의외로 시큰둥했습니다. 도마는 "내가 그의 손의 못 자국을 보며 내 손가락을 그 못 자국에 넣으며 내 손을 그 옆구리에 넣어 보지 않고는 믿지 아니하겠노라"요 20:25고 강하게 말했습니다.

여드레를 지나서 예수님께서 다시 제자들에게로 오셨습니다. 이때는 도마도 함께 있었습니다. 예수님이 도마에게 "네 손가락을 이리 내밀어 내 손을 보고 네 손을 내밀어 내 옆구리에 넣어 보라 그리하여 믿음 없는 자가 되지 말고 믿는 자가 되라"요 20:27고 말씀하셨습니다. 예수님을 만난 도마가 감격해서 예수님을 향해 "나의 주님이시요 나의 하나님이시니이다"요 20:28라고 신앙고백을 했습니다. 도마의 신앙고백 속에 예수님이 하나님이라는 진리가 들어 있습니다.

도마의 신앙고백을 들으신 예수님은 "너는 나를 본 고로 믿느냐 보지 못하고 믿는 자들은 복되도다"요 20:29라고 말씀하셨습니다. 예수님의 이 말씀 속에는 "네가 나를 하나님으로 믿느냐. 그래, 잘했다. 그것이 믿음이다. 그러나 너는 나를 본 고로 믿느냐. 보지 못하고 믿는 자들은 복되다"라는 의미가 들어 있습니다. 예수님이 하나님이심을 믿는 믿음을 가진 자를 향해 예수님은 복되다고 하셨습니다.

구원에 이르는 믿음은 사람의 몸을 입고 이 땅에 오신 예수님이 나의 하나님이심을 믿는 믿음입니다.

구원에 이르는 믿음을 소유한 사람의 고백

"예수님은 나의 유일한 메시야입니다. 내게는 예수 외에 다른 메시야가 없습니다.

예수님은 나의 영원한 제사장입니다. 나는 예수님을 통해서만 하나님께 나아갑니다. 예수님은 내가 하나님께로 가는 유일한 길입니다. 다른 길은 없습니다. 예수님은 이 땅에서 천국으로 가는 유일한 길입니다.

예수님은 나의 선지자이십니다. 나는 예수님을 통해 하나님의 뜻을 압니다. 하나님의 뜻이 무엇이고, 하나님의 소원이 무엇이고, 하나님께서 원하시는 것이 무엇인지를 나는 예수님을 통해 압니다. 예수님께서 승천하시면서 보내 주신 보혜사 성령을 통해 오늘도 나는 하나님의 뜻을 깨닫고 있습니다.

예수님은 나의 영원한 왕이십니다. 지금 나는 왕이신 예수님의 통치 아래 있습니다. 예수님이 가라고 하시면 가고, 예수님이 멈추라면 멈춥니다. 연약하기에 그 명령을 모두 다 순종하지는 못하지만, 마음의 중심은 언제 어디서나 예수님의 통치와 다스림을 받으려고 합니다. 때로 왕 되신 예수님의 명대로 하지 못하는 경우도 있습니다. 그럴 때는 그것을 합리화하거나 정당화하지 않고 회개합니다. 그런 다음에는 그분의 통치를 온전히 받으려고 합니다. 나는 하나님의 통치 아래 있는 것을 기뻐합니다. 이 세상을 떠난 후에도 나는 왕이신 예수님의 통치를 받을 것입니다.

나는 예수님이 하나님이심을 믿습니다. 예수님은 하나님입니다. 나는 예수님이 이 세상을 창조하신 하나님, 이 세상을 섭리하시는 하나님이심을 믿습니다. 나는 예수님이 무소부재無所不在하시고 전지전능全知全能하신 하나님이심을 믿습니다.

나는 예수님이 하나님의 아들이심을 믿습니다. 예수님은 나를 구원하기 위해 하나님이 이 땅에 보내 주신 외아들입니다. 아들을 믿는 자에게 영생을 주시겠다고 약속하신 바로 그 하나님의 아들이 예수님이심을 나는 믿습니다."

예수님을 믿는 자에게 하나님은 아버지

바울 서신을 읽다 보면 예수 그리스도와 하나님 아버지가 함께 언급되는 경우를 많이 봅니다. 예수님을 그리스도로 믿는 사람에게 하나님은 아버지입니다. 놀라운 은혜입니다. 사람이 신의 아들이 되는 크고 놀라운 은혜입니다. 하나님을 아버지로 삼는 유일한 길은 예수가 그리스도이심을 믿는 것입니다. 하나님의 아들이 되는 것은 권세입니다. 성경은 "12영접하는 자 곧 그 이름을 믿는 자들에게는 하나님의 자녀가 되는 권세를 주셨으니 13이는 혈통으로나 육정으로나 사람의 뜻으로 나지 아니하고 오직 하나님께로부터 난 자들이니라"요 1:12-13고 분명하게 선언하고 있습니다.

예수를 그리스도로 믿으면 이 땅에 사는 지금부터 영원까지 하나님께서 아버지가 되어 주십니다. 아들의 권세를 누리고 삽니다.

예수님께서는 성경을 통해 아버지와 아들의 관계가 어떤 관계인지를 가르쳐 주셨습니다. 그 대표적인 것이 우리가 '탕자의 비유'라고 알고 있는 그것입니다.

어떤 사람에게 두 아들이 있었습니다. 그중에 작은 아들이 아버지에게 자신의 몫의 재산을 달라고 한 후에 그것을 챙겨 집을 나갔습니다. 그래도 그는 아들이었습니다. 그는 결국 가지고 간 재산을 다 탕진했습니다. 그때도 그는 아들이었습니다. 돼지가 먹는 쥐엄 열매를 먹다 다시 아버지 집으로 돌아왔습니다. 그때도 그는 아들이었습니다. 아버지 집으로 다시 돌아가며 둘째 아들이 아버지에게 하려고 했던 말이 있습니다. "18아버지 내가 하늘과 아버지께 죄를 지었사오니 19지금부터는 아버지의 아들이라 일컬음을 감당하지 못하겠나이다 나를 품꾼의 하나로 보소서."눅 15:18-19 아버지를 만난 둘째 아들은 생각했던 대로 말했습니다.

그러나 아버지는 종들에게 "22제일 좋은 옷을 내어다가 입히고 손에 가락지를 끼우고 발에 신을 신기라 23그리고 살진 송아지를 끌어다가 잡으라"눅 15:22-23고 했습니다. 아버지는 사람들을 향해 "23우리가 먹고 즐기자 24이 내 아들은 죽었다가 다시 살아났으며 내가 잃었다가 다시 얻었노라"눅 15:23-24고 하면서 기쁨을 감추지 못했습니다.

아들의 상태가 어떻게 바뀌어도 아들의 지위는 한 번도 바뀐 적이 없습니다. 아들이었다가 종이 되었다 다시 아들이 되었다 종이 되는 것이 아닙니다. 한 번 아들은 영원한 아들입니다. 이 비유 이름을 탕자의 비유 대신 아버지의 사랑 비유라고 바꿀 필요도 있습니다.

일반적으로 부모는 자식을 버리지 않습니다. 부모는 자식을 잊지 않습니다. 하나님께서 "여인이 어찌 그 젖 먹는 자식을 잊겠으며 자기 태에서 난 아들을 긍휼히 여기지 않겠느냐 그들은 혹시 잊을지라도 나는 너를 잊지 아니할 것이라"사 49:15고 약속하셨습니다.

하나님이 나의 하나님이 되고, 하나님이 나의 아버지가 된 상태, 이것이 구원받은 상태입니다.

예수님을 믿는 자에게 교인은 형제 자매

교회 안에서는 서로를 형제 또는 자매라고 부릅니다. 어떤 분은 어린 사람이 자신에게 형제라고 하는 것으로 인해 마음이 상해서 "너하고 내가 몇 살 차이인데 형제냐"라며 버릇없다고 꾸짖기도 합니다. 교인 간에 나이 차이가 많이 나면 아버님, 어머님이 되는 것이 아닙니다. 나이 차이가 많든 적든 상관없이 모두가 형제자매입니다.

이렇게 부르는 것은 촌수를 따져 본 결과입니다. 형제 또는 자매는 아버지가 같은 사이입니다. 교인된 우리 사이가 바로 아버지가 같은 사이입니다. 우리가 예수를 그리스도로 믿을 때 하나님은 우리의 아버지가 됩니다. 예수를 믿는 사람들에게 하나님은 다 아버지이십니다. 그렇기 때문에 우리는 형제 또는 자매 사이가 되는 것입니다.

예수를 믿는 순간 우리는 수많은 형제자매가 생깁니다. 하나님이 복으로 주신 사람들입니다. 하나님은 우리에게 형제자매를 주시면서 서로 사랑하라고, 서로 존경하라고, 서로 축복하라고 말씀하셨습니다.

남을 대하는 것과 형제를 대하는 것은 다릅니다. 다른 사람의 문제를 해결하는 방식과 형제의 문제를 해결하는 방식은 다릅니다. 형제의 문제를 남의 문제를 다루듯이 다뤄서는 안 됩니다. 형제가 그릇되게 행할 때 교인된 우리는 집안에서 형제간에 문제를 해결하듯이 서로를 대하며 문제를 풀어야 합니다.

3
예수 믿는 사람이 받는 구원

　예수 믿으면 구원받습니다. 구원받은 것과 영생을 얻은 것은 동의어입니다. 구원은 하나입니다. 이 세상에서 예수를 믿는 순간 시작된 구원은 영원까지 이어집니다. 이 책에서는 구원에 대한 이해를 돕기 위해 구원을 둘로 나눠 설명하려고 합니다. 그렇다고 구원이 둘이라고 오해하는 일은 없기를 바랍니다.

　사람은 죄로 말미암아 이 세상에 사는 동안에는 불행하게 되었고, 이 세상을 떠난 후에는 지옥에 떨어지게 되었습니다. 구원은 이런 상황으로부터 벗어나는 것입니다. 구원은 이 세상에서는 불행으로부터 벗어나는 것이고, 저세상에서는 지옥으로부터 벗어나는 것입니다. 우리의 구원은 이 둘을 다 포함합니다. 예수 믿는 사람이 받는 구원은 이 둘 중에 어느 하나만이 아닙니다. 둘 다 받아야 합니다. 많은 사람들이 죽은 후에 받는 구원만 구원으로 생각합니다. 또 어떤 사람들은 지나치게 이 세상에서 받는 구원에만 치우칩니다. 둘 다 바람직하지 않습니다. 예수를 믿는 우리가 받는 구원은 둘 다입니다. 우리는 이 세상에서 사는 동안에는 불행으로부터 구원을 받고, 저세상에서는 지옥으로부터 구원을 받을 것입니다.

성경에는 우리가 받는 두 가지 구원이 다 기록되어 있습니다. 이 세상에서 받는 구원도 구원이라고 표현되어 있고, 죽은 다음에 받는 구원도 구원이라고 표현되어 있습니다. 물론 이 세상에서 받는 구원과 천국에서 받을 구원을 포함한 경우도 구원이라고 표현되어 있습니다. 이 사실을 알면 구원에 대한 혼란이 많이 사라집니다.

예를 들어 보겠습니다.

로마서 5장 9절에서 바울은 "우리가 그의 피로 말미암아 의롭다 하심을 받았으니 더욱 그로 말미암아 진노하심에서 구원을 받을 것이니"라고 했습니다. 그리고 10절에서는 "곧 우리가 원수 되었을 때에 그의 아들의 죽으심으로 말미암아 하나님과 화목하게 되었은즉 화목하게 된 자로서는 더욱 그의 살아나심으로 말미암아 구원을 받을 것이니라"라고 했습니다. 여기에 나오는 두 구원은 우리가 장차 받게 될 구원을 가리키는 동시에 지금 이 땅에서도 누릴 구원을 의미합니다.

우리는 이 땅에서도 하나님 안에서 즐거워하고, 또한 저 천국에서도 즐거워할 것입니다. 우리가 이 땅에 사는 동안 때로 힘들고 어려운 일들이 있다 해도 예수 그리스도로 말미암아 기쁨과 즐거움을 누릴 것입니다. 우리가 누리는 즐거움은 점점 더 풍성해질 것입니다. 하나님과 화목하게 된 우리의 인생을 성경은 "그뿐 아니라 이제 우리로 화목하게 하신 우리 주 예수 그리스도로 말미암아 하나님 안에서 또한 즐거워하느니라"롬 5:11고 묘사하고 있습니다.

바울은 빌립보 교회 성도들에게 "그러므로 나의 사랑하는 자들아 너희가 나 있을 때뿐 아니라 더욱 지금 나 없을 때에도 항상 복종하여 두렵고 떨림으로 너희 구원을 이루라"빌 2:12고 했습니다. 이 말씀을 우리가 죽은 다음에 받을 구원으로 적용하면 해석이 많이 힘들어집니다.

"너희가 구원을 이루라."

우리가 무슨 재주로 구원을 이룰 수가 있겠습니까. 이 말씀은 예수 그리스도로 말미암아 우리가 받은 구원을 지금 이 땅에서 누리라는 것입니다. '항상 복종'을 통해 '항상 구원'을 누리라는 의미입니다.

이와 같이 성경에서 같은 구원이라는 단어를 사용했지만 어떤 경우는 장차 우리가 받을 구원을, 어떤 경우는 이 땅과 천국에서 우리가 받아 누릴 구원을, 어떤 경우는 지금 이 땅에서 우리가 받아 누릴 구원을 의미합니다. 이것을 이해하면 구원에 대해 헷갈리는 일이 많이 줄어듭니다.

성경 말씀 중에 난해 구절이라는 것이 있습니다. 해석이 어려운 구절입니다. "그러나 여자들이 만일 정숙함으로써 믿음과 사랑과 거룩함에 거하면 그의 해산함으로 구원을 얻으리라."딤전 2:15 이 말씀도 난해 구절로 분류됩니다. 이 구절이 난해 구절로 분류되는 것은 '그의 해산함으로 구원을 얻으리라'는 말씀을 어떻게 해석해야 할지 몰라서입니다. 여자가 해산을 하면 구원을 얻는다? 그렇다면 자녀를 출산하지 못한 여인은 구원을 받지 못한다? 혼란스러워질 수 있습니다.

그러나 구원을 우리가 이 땅에서 받는 구원과 이 세상을 떠난 후에 받는 구원으로 구분해서 생각하면, 이것은 난해 구절이 아닙니다.

여기 나오는 해산함의 단어적 의미는 단순히 아이를 출산하는 것만이 아니라 양육하는 것도 포함합니다. 이 말씀의 의미는 믿는 여자가 하나님의 말씀대로 정숙함으로 믿음과 사랑과 거룩함에 거하면 아이를 낳고 기르는 여자의 일상이 행복해 진다는 것입니다.

그런데 여기 나온 구원을 죽은 다음에 우리가 받는 구원 또는 그 구원을 포함한 구원으로 생각하니 도무지 해석이 되지 않는 것입니다.

신학적인 용어인데, 구원의 서정이라는 것이 있습니다. 소명, 중생, 회심, 신앙, 칭의, 수양, 성화, 견인, 영화를 구원의 서정이라고 합니다. 우리가 이 세상에서 받아 누리는 구원을 구원의 서정으로 설명하면 성화, 견인에 해당한다고 할 수 있습니다.

4
살아서 받는 구원

구원은 이 땅에서 시작됩니다. 예수를 믿는 순간 하나님이 우리를 천국으로 데리고 가시는 것은 아닙니다. 천국이 우리에게 임합니다. 이 땅에서 천국을 미리 경험합니다. 이 땅에서 미리 경험하는 천국, 이것이 우리가 이 세상에서 받는 구원입니다.

우리가 이 세상에서 받는 구원을 세상 사람들에게도 익숙한 말로 전해 주고 싶습니다. 그러기 위해 먼저 우리는 예수로 말미암아 우리가 이 땅에서 미리 경험하는 천국의 특징을 살펴볼 필요가 있습니다. 성경에는 우리가 이 땅에서 받은 구원을 묘사하는 단어들이 여러 개 나옵니다. 이 땅에서 미리 경험하는 천국을 표현하는 단어들입니다. 그 단어들을 몇 개 살펴보 겠습니다.

자유

사람은 죄로 말미암아 자유를 상실했습니다. 죄의 종이 되어 자유를 잃어버렸습니다. 죄가 시키는 대로 따라 할 수밖에 없는 존재가 되었습니다. 죄가 이끄는 대로 끌려 다닌 결과로 나타난 것이 불행입니다.

하나님은 이런 우리를 구원해 주셨습니다. 예수님은 "진리를 알지니 진리가 너희를 자유롭게 하리라"요 8:32고 선언하시고 이어 "아들이 너희를 자유롭게 하면 너희가 참으로 자유로우리라"요 8:36고 선포하셨습니다.

우리는 자유를 위하여 부르심을 입었습니다. 이제 더 이상 죄의 종이 아닙니다. 죄가 끄는 대로 끌려갈 이유가 없습니다. 우리는 이제 더 이상 죄의 종이 아닙니다. 우리는 의의 종이 되었습니다. 우리에게는 예수가 있습니다. 성령이 있습니다. 바울은 "주는 영이시니 주의 영이 계신 곳에는 자유가 있느니라"고후 3:17며 "그리스도께서 우리를 자유롭게 하려고 자유를 주셨으니 그러므로 굳건하게 서서 다시는 종의 멍에를

메지 말라"갈 5:1라고 권면했습니다. 베드로도 예수를 믿는 우리에게 자유가 있음을 증거하며 "그 자유로 악을 가리는 데 쓰지 말고 오직 하나님의 종과 같이 하라"벧전 2:16라고 권면했습니다.

성경은 이와 같이 예수를 믿는 우리의 자유를 선포합니다. 자유, 이것은 우리가 이 세상에서 받은 구원을 묘사하는 단어 중에 하나입니다. 우리는 이 자유를 누리며 살아야 합니다. 이 자유를 빼앗겨서는 안 됩니다. 이 책을 쓰는 목적 중에 하나도 그리스도인들이 하나님이 주신 이 자유를 누리며 살도록 돕기 위함입니다. 구원받은 우리는 자유인으로 살아야 합니다.

평안

예수님은 이 땅에 오셔서 먼 데 있는 자들에게 평안을 전하시고 가까운 데 있는 자들에게도 평안을 전하셨습니다. 예수님은 제자들에게 평안을 주셨습니다. 이 평안은 세상이 줄 수 없는 평안입니다. 구원받은 자만이 누릴 수 있는 평안입니다. 평안은 근심하지도 두려워하지도 않을 수 있는 큰 능력입니다. 예수님은 제자들에게 "평안을 너희에게 끼치노니 곧 나의 평안을 너희에게 주노라 내가 너희에게 주는 것은 세상이 주는 것과 같지 아니하니라 너희는 마음에 근심하지도 말고 두려워하지도 말라"요 14:27고 격려하셨습니다.

예수님은 그리스도인 된 우리가 예수님 안에서 평안을 누리기 원하십니다. 마음 편하게 살기를 원하십니다. 예수님은 제자들을 향해 "이것을 너희에게 이르는 것은 너희로 내 안에서 평안을 누리게 하려 함이라"요 16:33고 하셨습니다. 말씀을 주신 이유 중에 하나를 이렇게 설명해 주신 것입니다.

평안의 원천은 예수님입니다. 세상을 이기신 예수님입니다. 우리가 예수님 안에서 평안을 누리기 원하시는 예수님은 "세상에서는 너희가 환난을 당하나 담대하라 내가 세상을 이기었노라"요 16:33고 선언하셨습니다. 평안하면 담대합니다.

평안은 구원받은 자의 것입니다. 마음 편하게 사는 것은 우리가 이 땅에서 받아 누릴 구원의 다른 이름입니다. 예수를 믿는 우리에게는 마음 편하게 살 수 있는 능력이 있습니다. 우리는 이미 예수를 통해 받았습니다. 다른 사람을 향해서도, 또한 자신을 향해서도 외쳐야 합니다.

"평강이 있을지어다."

기쁨

예수님은 그의 제자들에게 기쁨을 주셨습니다. 제자들의 삶에 기쁨이 충만하기를 소원하셨습니다. 예수님의 기도가 요한복음 17장에 나옵니다. 이 기도 중에 제자들을 위한 예수님의 마음, 예수님의 소원이 나옵니다. 예수님은 "지금 내가 아버지께로 가오니 내가 세상에서 이 말을 하옵는 것은 그들로 내 기쁨을 그들 안에 충만히 가지게 하려 함이니이다"요 17:13라고 기도하셨습니다.

예수님은 예수님의 기쁨이 제자들 안에도 충만하기를 원하셨습니다. 예수님은 기회가 있을 때마다 제자들에게 기뻐하라고 말씀하셨습니다. 전도하러 갔다가 귀신들이 항복하는 것을 보고 기뻐하는 제자들을 향해서도 그것보다 "너희 이름이 하늘에 기록된 것으로 기뻐하라"눅 10:20고 하셨습니다. 예수님은 의를 위하여 박해를 받을 때에도, 나로 말미암아 너희를 욕하고 박해하고 거짓으로 너희를 거슬러 모든 악한 말을 할 때에도 기뻐하고 즐거워하라고 하셨습니다.마 5:10-12

예수를 믿을 때 모든 상황과 환경이, 주변에 있는 모든 사람들이 기뻐하고 즐거워할 수밖에 없는 그런 상황과 사람들로 바뀌는 것은 아닙니다. 여전히 힘든 상황과 여전히 힘들게 하는 사람들이 있을 수 있습니다. 그럼에도 예수 믿는 사람은 이런 상황과 이런 사람들 가운데서도 기뻐하고 즐거워할 수 있습니다. 이것이 구원의 힘입니다. 예수 믿는 우리가 이 땅에서 누릴 구원입니다.

베드로는 고난 가운데 있는 형제들을 향해 "12너희를 연단하려고 오는 불 시험을 이상한 일 당하는 것 같이 이상히 여기지 말고 13오히려 너희가 그리스도의 고난에 참여하는 것으로 즐거워하라 이는 그의 영광을 나타내실 때에 너희로 즐거워하고 기뻐하게 하려 함이라"벧전 4:12-13고 권면했습니다.

예수님이 주신 기쁨을 빼앗을 자가 없습니다. 이 세상의 그 어떤 것도 우리 안에 있는 주님이 주신 이 기쁨을, 이 구원을 빼앗을 수 없습니다.

바울은 빌립보 교회 성도들을 향해 편지를 써 보내며 "17만일 너희 믿음의 제물과 섬김 위에 내가 나를 전제로 드릴지라도 나는 기뻐하고 너희 무리와 함께 기뻐하리니 18이와 같이 너희도 기뻐하고 나와 함께 기뻐하라"빌 2:17-18고 권면했습니다. 권면은 한 번으로 끝나지 않았습니다. 바울은 이어 "끝으로 나의 형제들아 주 안에서 기뻐하라 너희에게 같은 말을 쓰는 것이 내게는 수고로움이 없고 너희에게는 안전하니라"

빌3:1고 했습니다. 이것이 끝이 아닙니다. 바울은 거듭 "주 안에서 항상 기뻐하라 내가 다시 말하노니 기뻐하라"빌4:4고 반복했습니다.

빌립보서를 옥중서신이라고 분류합니다. 바울이 감옥에서 쓴 편지이기 때문입니다. 지금 감옥 안에 있는 바울이 감옥 밖에 있는 성도들을 향해 기뻐하라고 외치고 있는 것입니다. 감옥 안에서 자신이 누리지 못하는 기쁨을 감옥 밖에 있는 너희들이라도 누리라는 그런 의미가 아닙니다. 바울은 스스로 이 기쁨을 누리고 있습니다. 기쁜 바울이 너희도 기뻐하라고 외치는 것입니다.

바울이 감옥 안에서만 기뻐하라고 한 것은 아닙니다. 바울은 고린도 교회에 편지를 쓰면서도 "형제들아 기뻐하라"고후13:11라고 했습니다. 데살로니가 교회에 편지를 쓰면서도 "항상 기뻐하라"살전5:16고 했습니다. 바울은 기쁘게 살았습니다. 그는 이 땅에서도 구원받았습니다. 그는 이 세상에서도 받은 구원을 누리며 살았습니다. 바울이 누린 그 구원을 우리도 누릴 수 있습니다. 오늘, 우리도 누려야 합니다.

만족

하나님이 우리에게 주신, 우리가 이 세상에서 받아 누릴 구원 중에 하나는 만족입니다. 불만은 죄로 말미암아 타락한 후 인간에게 찾아온 형벌입니다. 탐욕 때문에 생긴 일입니다. 욕심은 사람으로 범사에 불만을 갖게 합니다. 하나님께서 이런 우리를 구원해 주셨습니다.

예수님이 우리의 그리스도가 될 때, 만족은 우리의 것이 됩니다. 만족은 노력해서 얻어지는 것이 아닙니다. 하나님께 받아야 가능합니다. 바울은 고린도 교회에 편지를 써 보내면서 "4우리가 그리스도로 말미암아 하나님을 향하여 이같은 확신이 있으니 5우리가 무슨 일이든지 우리에게서 난 것 같이 스스로 만족할 것이 아니니 우리의 만족은 오직 하나님으로부터 나느니라"고후 3:4-5라고 말했습니다.

바울은 만족하며 살았습니다. 그는 빌립보 교회 성도들을 향해 "어떠한 형편에든지 나는 자족하기를 배웠노니"빌 4:11라며 "나는 비천에 처할 줄도 알고 풍부에 처할 줄도 알아 모든 일 곧 배부름과 배고픔과 풍부와 궁핍에도 처할 줄 아는 일체의 비결을 배웠노라"빌 4:12고 말했습니다. 이렇게 말한 후에 그 유명한 선언을 했습니다. "내게 능력 주시는 자 안에서 내

가 모든 것을 할 수 있느니라."빌 4:13

이 말씀이 여러 의미로 적용되고 있는데, 본 의미는 예수님 안에서 나는 어떤 상황에도 만족할 수 있다는 것입니다. 그렇습니다. 예수를 믿는 우리는 바울이 고백한 대로 어떤 상황이나 형편에서도 만족할 수 있습니다. 환경이나 상황이 우리의 만족의 기준이나 근거가 아닙니다. 우리의 만족은 환경과 상황을 초월해서 하나님이 주시는 것입니다.

만족하며 산 바울은 아들 같은 디모데에게 "우리가 먹을 것과 입을 것이 있은즉 족한 줄로 알 것이니라"딤전 6:8라고 권했습니다. 히브리서는 "돈을 사랑하지 말고 있는 바를 족한 줄로 알라"히 13:5고 권면하고 있습니다. 이것은 예수 믿는 사람, 구원받은 사람에게 이 땅에서 받은 구원을 누리고 살라는 사랑의 메시지입니다.

승리

예수님이 승리하셨습니다. 예수님은 요한복음 16장 33절에서 내가 세상을 이겼다고 선언하시며 제자들을 향해 세상에서는 너희가 환난을 당하나 담대하라고 격려하셨습니다. 예수님은 이 승리를 그의 백성들에게 주셨습니다. 예수님의 승리는 곧 예수 믿는 우리의 승리로 이어졌습니다. 사도 요한은 "⁴무릇 하나님께로부터 난 자마다 세상을 이기느니라 세상을 이기는 승리는 이것이니 우리의 믿음이니라 ⁵예수께서 하나님의 아들이심을 믿는 자가 아니면 세상을 이기는 자가 누구냐"요일 5:4-5라고 우리에게 반문하고 있습니다. 성경의 장엄한 선언은 우리의 가슴을 뛰게 합니다.

하나님께로부터 난 자가 누구인가요? 바로 예수를 믿는 우리들입니다. 예수께서 그리스도이심을 믿는 자마다 하나님께로부터 난 자라고 요한일서 5장 1절은 친절하게 설명하고 있습니다. 하나님은 사도 요한을 통해 "예수께서 하나님의 아들이심을 믿는 자가 아니면 세상을 이기는 자가 누구냐"요일 5:5고 묻고 계십니다. 이제 우리가 대답할 차례입니다.

예수를 믿는 우리가 이 세상에서 받아 누릴 구원은 세상을 이기는 것입니다. 사랑으로 세상을 이길 자, 그가 바로 예수 믿는 우리들입니다.

승리의 근원은 예수님입니다. 예수님의 사랑입니다. 그 사랑이 우리를 이기게 합니다. 우리는 어떤 상황에서도 이깁니다. 예수님의 사랑이 끊이지 않는 한 우리는 이깁니다. 바울은 로마서를 통해 이렇게 선언했습니다.

"35누가 우리를 그리스도의 사랑에서 끊으리요 환난이나 곤고나 박해나 기근이나 적신이나 위험이나 칼이랴 36기록된 바 우리가 종일 주를 위하여 죽임을 당하게 되며 도살 당할 양 같이 여김을 받았나이다 함과 같으니라 37그러나 이 모든 일에 우리를 사랑하시는 이로 말미암아 우리가 넉넉히 이기느니라 38내가 확신하노니 사망이나 생명이나 천사들이나 권세자들이나 현재 일이나 장래 일이나 능력이나 39높음이나 깊음이나 다른 어떤 피조물이라도 우리를 우리 주 그리스도 예수 안에 있는 하나님의 사랑에서 끊을 수 없으리라."롬 8:35-39

예수를 믿는 우리는 사망도 이길 사람들입니다. 이것은 바울이 가르쳐 줬습니다.

"51보라 내가 너희에게 비밀을 말하노니 우리가 다 잠 잘 것이 아니요 마지막 나팔에 순식간에 홀연히 다 변화되리니 52나팔 소리가 나매 죽은 자들이 썩지 아니할 것으로 다시 살아나고 우리도 변화되리라 53이 썩을 것이 반드시 썩지 아니할 것을 입겠고 이 죽을 것이 죽지 아니함을 입으리로다 54이 썩을 것이 썩지 아니함을 입고 이 죽을 것이 죽지 아니함을 입을 때에는 사망을 삼키고 이기리라고 기록된 말씀이 이루어지리라 55사망아 너의 승리가 어디 있느냐 사망아 네가 쏘는 것이 어디 있느냐 56사망

살아서 받는 구원

이 쏘는 것은 죄요 죄의 권능은 율법이라 57우리 주 예수 그리스도로 말미암아 우리에게 승리를 주시는 하나님께 감사하노니 58그러므로 내 사랑하는 형제들아 견실하며 흔들리지 말고 항상 주의 일에 더욱 힘쓰는 자들이 되라 이는 너희 수고가 주 안에서 헛되지 않은 줄 앎이라."고전 15:51-58

예수 그리스도로 말미암아 우리에게 승리를 주시는 하나님께 감사해야 합니다. 예수를 믿는 우리 안에는 이길 수 있는 힘이 있습니다. 능력이 있습니다. 바울은 항상 그리스도 안에서 이기게 하시는 하나님을 경험하며 살았습니다. 그는 고린도교회에 두 번째 써 보낸 편지에서 "항상 우리를 그리스도 안에서 이기게 하시고 우리로 말미암아 각처에서 그리스도를 아는 냄새를 나타내시는 하나님께 감사하노라"고후 2:14라고 고백했습니다.

사랑이 이깁니다. 사랑하는 사람이 이깁니다. 사랑이 지는 것 같아 보이지만, 결국은 사랑이 이깁니다. 이김의 동의어는 승리입니다. 반대어는 짐 혹은 패배입니다.

우리는 다 이기길 원하고 승리하길 원합니다. 아마 이 세상에 지길 원하고 패배하길 원하는 사람은 없을 것입니다. 생존경쟁이란 말이 있습니다. 살아남기 위해 하는 경쟁이란 말인데 이 말에는 '지면 살아남지 못한다. 이겨야 살아남는다'는 절박함이 담겨있는 것 같습니다. 무한 경쟁이란 말도 있습니다. 어쩌면 오늘을 사는 사람들은 이기기 위해 사는지도 모릅니다. 어디를 가도 이겨야 한다는 생각을 하다 보니 전투적 삶을 사는지 모릅니다.

이기기 원하는 것 자체는 잘못된 것이 아닙니다. 세상을 이기고 승리하는 인생을 살고자 하는 것, 성공적인 인생을 살기 원하는 것, 이것은 다 좋은 일입니다. 문제는 '어떻게' 입니다. 어떻게 이기느냐, 어떻게 승리할 것이냐 입니다.

일반적으로 사람들은 이기기 위해 싸웁니다. 싸움에는 대체로 안 좋은 것들을 사용합니다. 미움과 증오는 기본입니다. 거짓과 술수도, 비난과 비판도, 폭력과 폭언도, 욕과 저주도 사용합니다. 양쪽이 서로 이기겠다고 마주 서서 이런 것들을 사용하다 보니 사나워지고, 거칠어집니다.

만약 예수를 믿는 우리가 세상을 이기기 위해 이것들을 가지고 싸워야 한다고 생각한다면, 그것은 오해입니다. 이것들로는 이길 수 없습니다. 우리의 이김을 위해 하나님이 준비하신 무기는 이런 것이 아닙니다. 세상을 이기기 위해 하나님이 준비하신 무기는 사랑입니다.

하나님께로부터 난 자마다 세상을 이깁니다. 하나님께로부터 난 자는 사랑하는 사람입니다. 하나님께로부터 난 자, 하나님께 속한 자는 하나님을 사랑하는 자입니다. 하나님께로부터 난 자가 세상을 이긴다는 말씀은 곧 사랑하는 자가 이긴다는 의미입니다.

승리를 위한 하나님의 디자인은 우리가 싸워 이기는 게 아니라 사랑해서 이기는 것입니다. 굳이 이것을 싸움이란 단어를 넣어서 표현해야 한다면 이것은 선한 싸움입니다.

세상은 싸워 이기라고 합니다. 성경은 사랑해서 이기라고 합니다. 그런데도 많은 사람들이 성경보다 세상의 말을 더 따르는 것 같습니다. 그 이유는 사랑은 유약해 보이기 때문입니다. 사랑하는 사람은 늘 지고 사는 사람 같습니다. 사랑하고 살려면 이기는 것은 포기해야 한다고 생각합니다. 그래서 사람들은 이기기 위해 사랑하는 것 대신 한판 승부를 택합니다. 이것은 사랑에 대한 오해입니다.

사랑은 약하지 않습니다. 사랑은 강합니다. 세상에 그 어떤 것보다 강력한 것이 사랑입니다. 사랑하는 사람은 약한 사람이 아니라 진정 강한 사람입니다. 이 세상에 사랑보다 강한 것은 없습니다. 사랑은 죽음보다 강합니다. 사랑을 이길 수 있는 것은 없습니다. 사랑이 이깁니다. 싸워서 이기면 진 사람이 있지만 사랑해서 이기면 진 사람이 없습니다. 모두가 다 이긴 사람입니다.

사랑으로 세상을 이긴 대표적인 분이 예수님입니다. 예수님은 승리하셨습니다. 세상을 이기셨습니다. 예수님이 세상을 이긴 것은 칼로도, 창으로도 아닙니다. 힘으로도 아닙니다. 사랑입니다. 사랑으로 이기셨습니다.

예수님은 힘이 있었습니다. 열두 군단 더 되는 하늘의 천사들을 동원해서 그들을 다 멸할 수 있는 힘도 있었습니다. 그러나 예수님은 그 힘을 쓰지 않으셨습니다. 대신 맞으셨습니다. 당하셨습니다. 자신을 십자가에 못 박는 이들을 위해 "아버지 저들을 사하여 주옵소서 자기들이 하는 것을 알지 못함이니이다"눅 23:34라고 기도하셨습니다. 결국 예수님은 승리하셨습니다. 마침내 사랑이 이겼습니다. 사랑이 이깁니다.

사랑은 오래 참습니다. 사랑은 성내지 않습니다. 사랑은 무례히 행치 않습니다. 사랑은 축복합니다. 위로하고 격려합니다. 허물을 덮어 줍니다. 손을 잡아 줍니다. 키워 주고 세워 줍니다. 이해하고 용납합니다. 사랑은 교훈하고 책망합니다. 칭찬합니다. 존경하고 공경합니다. 권위를 인정하고 그 앞에 순복합니다. 용서합니다. 품고 갑니다. 도와줍니다. 사랑은 정직합니다. 부드럽습니다. 이렇게 하면 이깁니다. 세상을 이깁니다. 다 이깁니다.

사랑하면 이깁니다. 원수를 이기는 최고의 무기는 사랑입니다. 사랑하면 원수가 없어집니다. 사랑하면 적이 소멸됩니다. 원수가 친구가 되기 때문입니다. 적이 조력자가 되기 때문입니다. 사랑하면 원수 없는 세상에서 진정한 승리자로 삽니다.

행복이 품은 단어들, 자유 · 평안 · 기쁨 · 만족 · 승리

우리가 이 땅에서 미리 누리는 천국을 묘사하는 단어들 몇을 살펴보았습니다. 이 단어들을 모두 담을 수 있는, 모두 품을 수 있는 한 단어를 생각해 보았습니다. 그리고 얻은 결론이 '행복'입니다. 물론 이 행복은 일반적으로 사람들이 생각하는 행복과는 차이가 있습니다. 참된 행복, 진정한 행복입니다.

자유가 있는 사람, 평안한 사람, 기쁘고 즐거운 사람, 만족한 사람, 승리한 사람은 행복한 사람입니다. 이런 의미에서 우리는 우리가 이 땅에서 받는 구원의 이름을 행복이라고 부르려고 합니다. 아마 대부분 자유와 평안과 기쁨과 만족과 승리를 포괄적으로 행복이라고 표현하는 데 이의가 없을 것입니다.

'살아 불행'에서 '살아 행복'으로, 이 과정을 이렇게 길게 얘기하는 이유가 있습니다. 간혹 행복이라면 알레르기 반응을 보이는 분들이 있습니다. 복, 축복이라는 말에 거부반응을 보이는 사람들이 있는 것처럼 행복이라는 말에도 같은 반응을 보이는 분들이 있습니다.

구원받은 우리는 행복해야 한다고 하면 우리가 행복하기 위해 예수를 믿는 것이냐고 하면서 흥분하는 분들이 있습니다. 예수를 믿는 것은 그리스도의 남은 고난을 받는 것이고, 그리스도인의 길은 좁은 길, 골고다의 길, 십자가의 길이지 결코 행복한 길이 아니라고 생각하는 분들입니다. 이분들의 말도 일부분 맞습니다.

그리스도인으로 사는 것은 고난의 길을 걷는 것이고, 좁은 길을 걷는 것이고, 십자가의 길을 걷는 것입니다. 맞습니다. 그렇습니다. 우리는 이 길을 걷고 있습니다. 중요한 것은 이 길을 걸으면서도 행복하다는 것입니다. 바울도 이 길을 행복하게 걸었습니다. 우리도 행복하게 이 길을 걷고 있습니다.

고난 가운데서도 즐거워합니다. 욕을 먹으면서도 좋아합니다. 십자가의 길을 걸으면서도 기뻐합니다. 만족하며 좁은 길을 걷습니다.

고난의 길, 십자가의 길, 좁은 길을 걷는 것은 불행이 아닙니다. 구원받은 우리에게는 이 길을 걷는 것이 행복입니다. 세상 사람들이 우리에게 얼마나 힘드냐고, 무슨 재미로 사느냐고 말해도 우리 안에는 세상이 알지 못하는 즐거움이 있습니다. 기쁨이 있습니다. 이것이 바로 구원받은 우리의 행복입니다. 세상이 알 수 없는, 세상의 그 어떤 것과도 바꿀 수 없는 우리의 행복입니다.

구원받으면 불행이 행복으로 바뀝니다. 성경은 예수를 믿는 우리를 향해 "16항상 기뻐하라 17쉬지 말고 기도하라 18범사에 감사하라"살전 5:16-18고 명합니다. 이것을 다른 말로 하면 항상, 쉬지 말고, 범사에 행복하라는 것입니다. 이것은 이 땅에서도 천국을 살라는 것입니다. 죽은 다음에 천국에 가서 항상 기뻐하고 쉬지 말고 기도하고 범사에 감사하라는 말씀이 아닙니다. 천국에서는 자동으로 이렇게 됩니다.

행복은 이 땅에 살아 있는 동안 우리가 받는 구원의 모양과 성격과 성질을 잘 묘사해 주고 있습니다. 구원받은 우리는 이 세상에서도 예수 안에서 자유와 만족과 기쁨과 평안과 승리를 누리며 살 수 있습니다. 구원받은 우리는 행복해야 합니다. 우리는 어떤 상황에서도 행복할 수 있습니다. 바울은 감옥에 갇혀 있을 때도 행복했습니다. 바울은 감옥 안에서 감옥 밖에 있는 사람들을 향해 내가 다시 말하노니 행복하라고 했습니다. 구원받은 우리 역시 이렇게 할 수 있습니다. 상황과 환경을 초월해서 우리는 행복할 수 있습니다. 몸이 병들고 건강한 것과 상관없이 우리는 행복할 수 있습니다. 우리가 받은 이 구원을 빼앗겨서는 안 됩니다. 이 구원을 우리는 지키고 누려야 합니다.

5
죽어서 받는 구원

　예수를 믿음으로 받는 구원은 이 세상의 구원으로 끝나지 않습니다. 이 세상에서 행복하게 사는 것이 우리의 구원 전부가 아닙니다. 그것은 맛보기입니다. 우리가 장차 들어갈 저 천국의 맛보기입니다.

　사람은 누구나 죽습니다. 죽음은 소멸이 아닙니다. 죽음으로 인생은 결코 끝나지 않습니다. 죽음 후에는 또 다른 세상이 우리를 기다리고 있습니다. 죽음 후에 사람들이 맞이할 세상은 천국과 지옥입니다.

　예수님은 이 땅에 오셔서 천국이 가까이 왔다고 선포하시며 천국 복음을 전파하셨습니다. 예수님께서는 "동 서로부터 많은 사람이 이르러 아브라함과 이삭과 야곱과 함께 천국에 앉으려니와"마 8:11라고 말씀하셨습니다. 또한 예수님께서는 친히 제자들에게 천국과 지옥에 대해 가르쳐 주셨습니다. 예수님의 육성으로 그것을 함께 들어 보겠습니다.

"[19]한 부자가 있어 자색 옷과 고운 베옷을 입고 날마다 호화롭게 즐기더라 [20]그런데 나사로라 이름하는 한 거지가 헌데 투성이로 그의 대문 앞에 버려진 채 [21]그 부자의 상에서 떨어지는 것으로 배불리려 하매 심지어 개들이 와서 그 헌데를 핥더라 [22]이에 그 거지가 죽어 천사들에게 받들려 아브라함의 품에 들어가고 부자도 죽어 장사되매 [23]그가 음부에서 고통중에 눈을 들어 멀리 아브라함과 그의 품에 있는 나사로를 보고 [24]불러 이르되 아버지 아브라함이여 나를 긍휼히 여기사 나사로를 보내어 그 손가락 끝에 물을 찍어 내 혀를 서늘하게 하소서 내가 이 불꽃 가운데서 괴로워하나이다 [25]아브라함이 이르되 얘 너는 살았을 때에 좋은 것을 받았고 나사로는 고난을 받았으니 이것을 기억하라 이제 그는 여기서 위로를 받고 너는 괴로움을 받느니라 [26]그뿐 아니라 너희와 우리 사이에 큰 구렁텅이가 놓여 있어 여기서 너희에게 건너가고자 하되 갈 수 없고 거기서 우리에게 건너올 수도 없게 하였느니라 [27]이르되 그러면 아버지여 구하노니 나사로를 내 아버지의 집에 보내소서 28내 형제 다섯이 있으니 그들에게 증언하게 하여 그들로 이 고통 받는 곳에 오지 않게 하소서 29아브라함이 이르되 그들에게 모세와 선지자들이 있으니 그들에게 들을지니라 30이르되 그렇지 아니하니이다 아버지 아브라함이여 만일 죽은 자에게서 그들에게 가는 자가 있으면 회개하리이다 31이르되 모세와 선지자들에게 듣지 아니하면 비록 죽은 자 가운데서 살아나는 자가 있을지라도 권함을 받지 아니하리라 하였다 하시니라." 눅 16:19-31

예수 믿는 우리는 죽으면 천국에 갑니다. 이것이 구원입니다. 요한계시록에는 우리를 위해서 예비된 천국이 살짝 묘사되어 있습니다. 우리가 이 땅에서 힘들고 어려워도 이 천국을 바라보면 소망이 생깁니다. 다음은 요한이 소개하는 장차 우리가 들어갈 나라, 천국입니다.

"21그 열두 문은 열두 진주니 각 문마다 한 개의 진주로 되어 있고 성의 길은 맑은 유리 같은 정금이더라 22성 안에서 내가 성전을 보지 못하였으니 이는 주 하나님 곧 전능하신 이와 및 어린 양이 그 성전이심이라 23그 성은 해나 달의 비침이 쓸 데 없으니 이는 하나님의 영광이 비치고 어린 양이 그 등불

이 되심이라 ²⁴만국이 그 빛 가운데로 다니고 땅의 왕들이 자기 영광을 가지고 그리로 들어가리라 ²⁵낮에 성문들을 도무지 닫지 아니하리니 거기에는 밤이 없음이라 ²⁶사람들이 만국의 영광과 존귀를 가지고 그리로 들어가겠고 ²⁷무엇이든지 속된 것이나 가증한 일 또는 거짓말하는 자는 결코 그리로 들어가지 못하되 오직 어린 양의 생명책에 기록된 자들만 들어가리라. ¹또 그가 수정 같이 맑은 생명수의 강을 내게 보이니 하나님과 및 어린 양의 보좌로부터 나와서 ²길 가운데로 흐르더라 강 좌우에 생명나무가 있어 열두 가지 열매를 맺되 달마다 그 열매를 맺고 그 나무 잎사귀들은 만국을 치료하기 위하여 있더라 ³다시 저주가 없으며 하나님과 그 어린 양의 보좌가 그 가운데에 있으리니 그의 종들이 그를 섬기며 ⁴그의 얼굴을 볼 터이요 그의 이름도 그들의 이마에 있으리라 ⁵다시 밤이 없겠고 등불과 햇빛이 쓸 데 없으니 이는 주 하나님이 그들에게 비치심이라 그들이 세세토록 왕 노릇 하리로다."계 21:21-22:5

우리에게 이 천국이 준비되어 있습니다. 우리를 위해 준비된 최고, 최상의 천국이 우리를 기다리고 있습니다. 우리의 인생이 유한해도, 서럽지 않은 것은 우리에게는 천국이 있기 때문입니다. 예수를 믿는 우리가 죽음을 편안하게 맞이할 수 있는 것은 돌아갈 나라, 돌아갈 집이 있기 때문입니다. 우리는 그 어느 날, 이 땅에서 눈을 감고 천국에서 눈을 뜰 것입니다. 언제인지는 모르지만 우리에게 그날은 분명히 옵니다.

사람은 누구나 죽습니다. 죽음의 골짜기를 건넙니다. 예수 믿는 우리도 이 골짜기를 건넙니다. 우리는 이 골짜기를 홀로 건너지 않습니다. 사망의 골짜기를 건널 때도 하나님은 우리와 함께하십니다. 이 세상에서 행복을 누리며 살다 죽음을 맞게 될 때, 우리의 영혼은 천국으로 인도될 것입니다. 주님께서는 환영해 주실 것입니다. 육체와 분리된 우리의 영혼은 저 좋은 천국에서 주님과 함께 살 것입니다. 그러다 주님이 재림하시는 그날, 우리의 영혼도 이 땅에 올 것입니다. 그날 우리는 부활합니다. 예수님을 부활시키신 하나님이 그날 우리도 부활시키실 것입니다. 영광스러운 몸으로 부활한 우리는 영화로운 몸을 입고 주님과 함께 영원히 천국에서 살 것입니다. 이것이 우리가 앞으로 받을 구원입니다.

불행에서 구원받아 행복하게 되는 것은 현재의 구원이고, 지옥에서 구원받아 천국에 들어가는 것은 미래의 구원입니다. 이것이 우리의 구원입니다.

6
구원이 헷갈리는 이유

다시 정리합니다. 구원은 믿음으로 받습니다. 구원에 이르는 믿음은 예수님을 그리스도와 하나님으로 믿는 믿음입니다. 예수를 그리스도와 하나님으로 믿으면 우리는 구원받습니다. 하나님은 우리의 아버지가 되시고 성도들은 우리의 형제자매가 됩니다.

구원은 이렇게 명료합니다. 그런데 이렇게 명료한 구원을 행함, 행위와 연계시키는 순간 헷갈리기 시작합니다. 우리의 믿음은 행함으로 보입니다. 무슨 말이냐 하면, 믿음 자체는 우리 눈에 보이지 않습니다. 다만 믿음이 있는 사람이 믿음으로 하는 행위가 보일 뿐입니다. 바람 자체는 우리 눈에 보이지 않지만 바람에 의해 흔들리는 사물을 통해 바람을 보는 것과 마찬가지입니다. 우리가 나무가 흔들린다고 할 때 정확한 표현은 '바람이 나무를 흔든다' 입니다. 예수님을 메시야로 믿는 사람이 왕 되신 예수님의 통치를 받는 것이 사람의 눈에는 착한 행실로 보입니다. 이것은 믿음의 자연스러운 결과입니다. 구원에 이르는 믿음에는 행함이 따릅니다. 이것은 당연한 일입니다. 문제는 이 믿음의 당연한 결과인 행함을 구원의 조건으로 바꾸는 순간 구원과 관련한 혼란과 헷갈림은 다시 시작됩니다.

행함을 둘로 구분할 필요가 있습니다. 믿음의 결과인 행함이 있습니다. 이 행함은 구원의 결과입니다. 구원받았기 때문에 필연적으로 나타나는 결과입니다. 성경은 이것을 열매라고 하기도 합니다. 이 믿음을 성경은 행함이 있는 믿음이라고 합니다. 또 하나의 행함은 구원의 원인인 행함입니다. 성경은 이것을 율법의 행위라고 합니다. 이 둘을 구분하면 구원에 대한 헷갈림은 상당 부분 사라집니다.

분명히 정리해야 합니다. 우리의 행함이 우리가 구원받는 데 미친 영향은 전혀 없습니다. 단 1%의 행함도 구원에 보태지지 않습니다. 구원은 전적으로 믿음으로 받는 것입니다. 그래서 성경은 구원을 은혜라고 합니다. 만약 우리의 수고나 행위에 대한 결과로 우리가 구원을 받았다면 구원은 우리의 삯이나 공로이지 결코 은혜가 될 수 없습니다.

이것을 염두에 두고 다음 성경 말씀을 읽어 보십시오.

"사람이 의롭게 되는 것은 율법의 행위로 말미암음이 아니요 오직 예수 그리스도를 믿음으로 말미암는 줄 알므로 우리도 그리스도 예수를 믿나니 이는 우리가 율법의 행위로써가 아니고 그리스도를 믿음으로써 의롭다 함을 얻으려 함이라 율법의 행위로써는 의롭다 함을 얻을 육체가 없느니라." 갈 2:16

이 얼마나 명쾌하고 분명한 구원의 메시지입니까! 우리는 이 은혜를 누려야 합니다.

은혜와 율법의 관계에 대해서 좀 더 깊이 알기 원하면 필자의 『신앙생활 설명서』를 참고하기 바랍니다.

오직 믿음으로 구원을 받았음을 고백하는데도 불구하고 우리는 자주 구원에 대해 헷갈립니다. 이제부터 그렇게 되는 경우들을 살펴보려고 합니다.

7
구원이 혼란스러워지는 경우

알곡과 가라지

알곡과 가라지 비유는 마태복음 한 곳에 나옵니다. 먼저 비유 내용을 마태복음 13장을 통해 함께 보겠습니다.

"²⁴예수께서 그들 앞에 또 비유를 들어 이르시되 천국은 좋은 씨를 제 밭에 뿌린 사람과 같으니 ²⁵사람들이 잘 때에 그 원수가 와서 곡식 가운데 가라지를 덧뿌리고 갔더니 ²⁶싹이 나고 결실할 때에 가라지도 보이거늘 ²⁷집 주인의 종들이 와서 말하되 주여 밭에 좋은 씨를 뿌리지 아니하였나이까 그런데 가라지가 어디서 생겼나이까 ²⁸주인이 이르되 원수가 이렇게 하였구나 종들이 말하되 그러면 우리가 가서 이것을 뽑기를 원하시나이까 ²⁹주인이 이르되 가만 두라 가라지를 뽑다가 곡식까지 뽑을까 염려하노라 ³⁰둘 다 추수 때까지 함께 자라게 두라 추수 때에 내가 추수꾼들에게 말하기를 가라지는 먼저 거두어 불사르게 단으로 묶고 곡식은 모아 내 곳간에 넣으라 하리라."

마 13:24-30

이 비유가 많은 사람들로 하여금 구원에 대해 헷갈리게 하는 방향으로 읽히거나 전해지는 경우가 허다합니다. 알곡과 가라지 비유를 근거로 교회 안에 알곡과 가라지가 있다고 말하는 경우가 있습니다. 신앙생활을 하면서 이런 말 한 번쯤 들어 보지 않은 사람은 거의 없을 것입니다. 이 말을 듣고 주눅이 들지 않을 사람들이 얼마나 있겠습니까? 알곡과 가라지 비유를 소개하고, 교회 안에 알곡과 가라지가 있다고 하고 나서 당신은 알곡이냐 가라지냐고 묻는다면 그 상황에서 나는 알곡이라고 자신 있게 대답할 수 있는 사람이 얼마나 되겠습니까? 주일 낮 설교를 하면서 성도들에게 이것을 물어본 적이 있습니다. 꽤 많은 성도들이 설교를 듣고 있었는데, 그중에 두 명이 손을 들었습니다.

교회 안에 알곡과 가라지가 있다는 말은 교인들을 각성시키기 위해 정신 차리라고 하는 말이라고 이해는 하지만, 이것이 구원에 대해 혼란을 초래하는 것을 생각하면 안타깝습니다. 이것을 자신에게 적용하면 '내가 혹시 가라지 아닌가' 하는 의문을 품게 되고 다른 사람에게 적용하면 조금만 이상해도 '저 사람이 가라지인가'하며 곱지 않은 시선으로 보게 됩니다. 교회 안에서 뜻이 맞지 않는다고 서로를 가라지라고 하는 엉뚱한 결과를 초래할 수도 있습니다.

이 비유에서 가라지는 구원받지 못하는 사람을 일컫습니다. 가라지는 먼저 거두어 불사르게 단으로 묶어 결국에는 태워 버립니다. 가라지는 구원받지 못하고 지옥 가는 사람을 일컫는 말입니다. 그런데 이런 말을 교회 안에서 자신과 뜻이 좀 맞지 않는다고 해서 형제를 향해 써서야 되겠습니까? 또한 자신을 가라지라고 생각하는 것은 결코 겸손이 아닙니다. 가라지가 노력하면 알곡이 되는 것이 아닙니다. 가라지가 변하여 알곡이 되는 것이 아닙니다. 자기 자신이 가라지라면 지옥 가는 길 밖에 없습니다. 가라지 노릇 그만하고 알곡 노릇 한다고 알곡이 되는 것이 아닙니다. 가라지, 이것은 그리스도인을 향해 함부로 써서는 안 되는 말입니다.

알곡과 가라지 비유에 밭이 등장합니다. 교회 안에 가라지가 있다고 하는 것은 이 밭을 교회로 해석한 결과입니다. 과연 여기 등장하는 밭이 교회를 가리키는 것일까요? 알곡과 가라지 비유는 제자들에게도 어려웠나 봅니다. 무리가 떠난 후에 제자들이 예수님에게 이 비유를 설명해 달라고 요청했습니다. 예수님께서는 친절하게 이 비유를 설명해 주셨습니다. 역시 마태복음 13장입니다.

"36이에 예수께서 무리를 떠나사 집에 들어가시니 제자들이 나아와 이르되 밭의 가라지의 비유를 우리에게 설명하여 주소서 37대답하여 이르시되 좋은 씨를 뿌리는 이는 인자요 38**밭은 세상**이요 **좋은 씨는 천국의 아들들**이요 **가라지는 악한 자의 아들들**이요 39가라지를 뿌린 원수는 마귀요 추수 때는 세상 끝이요 추수꾼은 천사들이니 40그런즉 가라지를 거두어 불에 사르는 것 같이 세상 끝에도 그러하리라 41인자가 그 천사들을 보내리니 그들이 그 나라에서 모든 넘어지게 하는 것과 또 불법을 행하는 자들을 거두어 내어 42풀무 불에 던져 넣으리니 거기서 울며 이를 갈게 되리라 43그 때에 의인들은 자기 아버지 나라에서 해와 같이 빛나리라 귀 있는 자는 들으라." 마 13:36-43

제자들의 질문에 예수님은 친절하게 하나하나 설명해 주셨습니다. 38절을 보십시오. "밭은 세상이요." 밭이 교회가 아닙니다. 밭은 세상입니다. 이 비유는 세상에는 알곡과 가라지가 있다는 것입니다. 알곡은 구원받을 사람을 일컫는 말이고 가라지는 구원 받지 못할 사람을 일컫는 말입니다. 이 비유의 핵심은 세상에는 구원받을 사람과 구원받지 못할 사람이 공존한다는 것입니다. 밭은 세상입니다. 교회가 아닙니다. 물론 교회 안에도 예수를 믿지 않는 사람이 있을 수 있습니다. 그러나 일반적으로 교회 구성원이 된 사람들은 예수 믿는 사람들입니다. 믿는 사람들의 모임이 교회입니다. 교회는 알곡들의 모임입니다.

우리는 예수 믿습니다. 예수님이 우리의 메시야이심과 예수님이 살아 계신 하나님의 아들이심을 믿는다면, 우리는 알곡입니다. 가라지가 아닙니다.

알곡인 우리라도 교회 안팎에서 잘못할 수 있습니다. 우리도 탕자처럼 집을 나갈 수도 있습니다. 그래도 여전히 우리는 아들입니다. 우리는 알곡입니다. 때로 사정상 주일예배를 드리지 못할 수도 있습니다. 그래도 알곡입니다. 때로 교회 지도자들과 의견이 맞지 않아 언쟁을 할 수도 있습니다. 심하면 대들 수도 있습니다. 그것은 잘한 일이 아닙니다. 회개할 일입니다. 그것은 책망을 받고 꾸중 받아야 할 잘못입니다. 그러나 그렇게 했다고 우리가 가라지가 되는 것은 아닙니다. 그래도 알곡입니다. 교회 지도자들에게 대드는 잘못을 했다고 해서 알곡이 가라지로 바뀌는 것이 아닙니다. 예수를 믿는다면 큰 소리로 외쳐야 합니다.

"나는 알곡이다!"

알곡과 쭉정이

성경에 알곡과 가라지만 나오는 것이 아닙니다. 알곡과 쭉정이 이야기도 나옵니다. 알곡과 쭉정이는 세례 요한이 바리새인들에게 한 말 중에 등장합니다. 세례 요한이 광야에서 사역을 시작할 때, 예루살렘과 온 유대와 요단 강 사방에서 다 그에게 나아와 자기들의 죄를 자복하고 요단 강에서 그에게 세례를 받았습니다. 그때 많은 바리새인들과 사두개인들이 오는 것을 보고 요한이 한 말 중에 알곡과 쭉정이가 등장합니다.

"7요한이 세례 받으러 나아오는 무리에게 이르되 독사의 자식들아 누가 너희에게 일러 장차 올 진노를 피하라 하더냐 8그러므로 회개에 합당한 열매를 맺고 속으로 아브라함이 우리 조상이라 말하지 말라 내가 너희에게 이르노니 하나님이 능히 이 돌들로도 아브라함의 자손이 되게 하시리라 9이미 도끼가 나무 뿌리에 놓였으니 좋은 열매를 맺지 아니하는 나무마다 찍혀 불에 던져지리라."눅 3:7-9

"11나는 너희로 회개하게 하기 위하여 물로 세례를 베풀거니와 내 뒤에 오시는 이는 나보다 능력이 많으시니 나는 그의 신을 들기도 감당하지 못하겠노라 그는 성령과 불로 너희에게 세례를 베푸실 것이요 12손에 키를 들고 자기의 타작 마당을 정하게 하사 알곡은 모아 곳간에 들이고 쭉정이는 꺼지지 않는 불에 태우시리라."마 3:11-12

여기서도 알곡과 가라지 비유에서와 같이 알곡은 구원받은 사람, 쭉정이는 구원받지 못한 사람을 의미합니다. 여기 나오는 쭉정이는 예수를 그리스도로 믿지 않는 바리새인들과 사두개인들을 지칭합니다.

물론 교회 안에도 아직 예수를 그리스도로 믿지 않는 사람이 있을 수 있습니다. 그러나 예수 믿는 사람들 중에는 쭉정이가 없습니다. 앞서 알곡과 가라지 비유 때도 언급한 대로 보편적으로 교회는 예수 믿는 이들의 공동체입니다. 예수를 믿는다고 고백하는 이들의 공동체인 교회 안에 알곡과 쭉정이가 있다고 말하는 것은 주의해야 합니다. 때로 성도들을 각

성시키고 근신시킬 필요가 있습니다. 어떤 경우에는 꾸짖을 필요도 있습니다. 그때는 정신을 차리고 근신하라고 꾸짖으면 됩니다.

좋은 나무 못된 나무

예수님의 말씀 중에 좋은 나무와 못된 나무가 등장합니다. 이 말씀을 먼저 함께 봅시다. 마태복음 7장입니다.

"15거짓 선지자들을 삼가라 양의 옷을 입고 너희에게 나아오나 속에는 노략질하는 이리라 16그들의 열매로 그들을 알지니 가시나무에서 포도를, 또는 엉겅퀴에서 무화과를 따겠느냐 17이와 같이 좋은 나무마다 아름다운 열매를 맺고 못된 나무가 나쁜 열매를 맺나니 18좋은 나무가 나쁜 열매를 맺을 수 없고 못된 나무가 아름다운 열매를 맺을 수 없느니라 19아름다운 열매를 맺지 아니하는 나무마다 찍혀 불에 던져지느니라 20이러므로 그들의 열매로 그들을 알리라."마7:15-20

여기에 등장하는 못된 나무 역시 마지막에는 찍혀 불에 던져집니다. 앞에서 살펴본 예들과 마찬가지로 여기 나오는 나쁜 열매를 맺는 못된 나무는 구원받지 못하는 사람들을 의미합니다. 우리는 이 못된 나무가 누구를 가리키는지 주목해야 합니다. 주관적으로 해석해서 나쁜 열매를 나쁜 행실이라고 적용하고 나쁜 행실이 있는 사람은 마지막 날에 찍혀 불에 던져질 것이라고 겁을 주는 것은 곤란합니다. 그냥 나쁜 행실을 고치라고 따끔하게 책망해야 합니다. 여기 등장하는 못된 나무는 15절에 있는 것처럼 거짓 선지자들입니다. 거짓 선지자들은 마지막 날에 찍혀 불에 던져질 것이라는 경고입니다.

예수 믿는 우리는, 예수님에게 붙어 있는 우리는 좋은 나무입니다.

심판 앞에서

구원을 받았다고 기뻐하다가도 심판에 관한 말씀을 읽거나 듣게 되면 두려운 마음이 몰려오면서 또 구원이 흔들리기 쉽습니다. 과연 심판대 앞에서 내가 무사히 통과하여 천국에 들어갈 수 있을까? 이런 생각은 이내 어쩌면 통과하지 못할지도 모른다는 의구심으로 이어지면서 우울해집니다.

심판이 있습니까? 네, 있습니다. 우리가 살아서 받는 심판도 있고, 죽은 다음에 받는 심판도 있습니다. 성경은 "한 번 죽는 것은 사람에게 정해진 것이고 그 후에는 심판이 있으리니"

히 9:27라고 분명히 전하고 있습니다.

죽음 후에 심판대 앞에 서게 된다는 사실을 생각할 때, 구원에 대해 또 흔들릴 수 있습니다. 죽은 다음에 심판을 받는다면 천국에 갈지 못 갈지는 죽은 후에 심판대 앞에 서서 심판을 받아 봐야 알 수 있습니다. 그렇다면 지금 갖고 있는 이 구원의 확신은 아무런 의미가 없습니다. '그럼 내가 구원받았다고 생각하는 이건 뭐람?' 다시 멍해질 수 있습니다.

한 번 죽는 것은 사람에게 정해진 일이요 그 후에는 심판이 있습니다. 그러나 기쁜 소식이 있습니다. 예수를 믿는 사람은 죽은 다음에 심판을 받지 않습니다. 심판을 면제 받습니다. 예수님이 친히 일러주신 복음입니다. 예수님은 "내가 진실로 진실로 너희에게 이르노니 내 말을 듣고 또 나 보내신 이를 믿는 자는 영생을 얻었고 심판에 이르지 아니하나니 사망에서 생명으로 옮겼느니라"요 5:24고 선언했습니다.

예수님이 우리를 대신해서 이미 심판을 받으셨기 때문에 우리는 심판을 받지 않습니다. 예수님이 심판만 받으신 것이 아니라 형벌까지도 다 받으셨기 때문에 우리가 죽은 다음에 받을 형벌은 없습니다. 천국 입국 수속은 이미 이 땅에서 끝났습니다. 예수님이 다 해 주셨습니다. 천국에 가서 입국 수

속을 따로 밟을 필요가 없습니다. 예수 그리스도의 피로 우리는 당당하게 저 천국에 입성합니다.

어려서 교회학교 다닐 때 선생님에게 들었던 말이 아주 오랫동안 나를 두려움에 떨게 했고 혼란스럽게 했습니다. 선생님은 이렇게 가르쳤습니다.

"사람이 죽으면 요단 강을 건너 천국에 들어가야 하는데 요단 강 앞에는 저울이 있다. 그 저울에 올라섰을 때 저울이 아래로 내려가는 사람은 지옥으로 떨어지고, 그렇지 않은 사람은 천국으로 들어간다. 죄가 많은 사람이 저울에 올라서면 저울이 아래로 푹 꺼지면서 지옥으로 떨어진다. 그러니 죄 짓지 말아라."

또 이런 얘기도 해 주었습니다.

"사람이 죽으면 유리 바다를 건너 천국에 들어간다. 이 유리 바다에 죄가 있는 사람이 올라서면 유리가 깨진다. 유리가 깨지면 바로 지옥으로 떨어진다. 유리 바다를 깨지지 않게 건너려면 죄를 짓지 말아야 한다. 그래야 유리 바다를 건너 천국에 들어갈 수 있다."

선생님의 이 얘기 덕분에 죄를 지으려다 저울이 기울어지고, 유리 바다가 깨지는 것이 두려워 그만 둔 적도 있습니다.

이런 면에서 선생님의 이야기가 약간의 효과는 있었지만, 이것이 어린 현삼이의 구원을 많이 혼란스럽게 했습니다. 선생님들이 이렇게 가르친 것이 나를 위해서라고 이해는 합니다. 하지만 그냥 죄 짓지 말라고 가르쳐도 될 텐데 이것을 구원과 연결시킴으로 구원에 대해 헷갈리게 만든 것은 아쉬움으로 남습니다.

성경을 읽다가도 같은 마음이 들 수 있습니다. 성경에도 심판대가 등장합니다. 바울은 로마서에서 "네가 어찌하여 네 형제를 비판하느냐 어찌하여 네 형제를 업신여기느냐"라고 꾸짖으면서 "우리가 다 하나님의 심판대 앞에 서리라"라고 했습니다.롬 14:10 바울은 고린도후서에서도 "이는 우리가 다 반드시 그리스도의 심판대 앞에 나타나게 되어 각각 선악간에 그 몸으로 행한 것을 따라 받으려 함이라"고후 5:10라고 했습니다.

"우리가 다 하나님의 심판대 앞에 서리라." 이 말씀 앞에서 또 혼란스러워질 수 있습니다. 심판에 대해 관심을 갖고 살펴볼 필요가 있습니다.

하나님의 속성 가운데 하나가 심판입니다. 하나님은 심판하시는 분입니다. 하나님은 그 심판을 예수님에게 주셨습니다. 그래서 위에 있는 말씀처럼 성경에 하나님의 심판대와 그리스도의 심판대가 함께 나오는 것입니다. 성경은 또한 하나님과 예수 그리스도를 심판장, 심판주라고 가르쳐 주고 있습니다. 야고보는 야고보서에서 "형제들아 서로 원망하지 말라 그리하여야 심판을 면하리라"라며 "보라 심판주가 문 밖에 서 계시니라"라고 알려주었습니다.약 5:9 시편 기자는 "하늘이 그의 공의를 선포하리니 하나님 그는 심판장이심이로다"시 50:6 라고 선언했습니다.

하나님의 심판이 있습니다. 하나님이 심판하십니다. 이것을 믿기에 우리는 이 땅에서 일어나는 모든 불의하고 부정한 일들에 대해 우리가 다 나서서 응징하려고 하지 않고 그것을 하나님의 공의로우신 심판에 맡기고 우리 삶을 살고 있는지 모릅니다. 이런 면에서 하나님의 심판은 우리에게 두려움과 절망을 가져다 주는 것이 아니라 오히려 평안과 희망을 가져다 줍니다. 더욱 감사하고 기쁜 것은 우리가 죽은 다음에 서야할 이 심판대에 예수님께서 우리 대신 서서 심판을 받으심으로 말미암아 우리에게는 심판이 면제되었다는 사실입니다.

우리가 이 세상에 사는 동안에는 어떤 의미에서 우리는 매일 하나님의 심판대 앞에 서서 심판을 받고 있습니다. 심판의 결과는 즉각 상벌이 되어 우리에게 전달됩니다. 예를 들어 우리가 죄를 지으면 우리의 마음이 불편해집니다. 누군가를 미워하고 있으면 마음이 무거워집니다. 다른 사람을 흉보면 마음이 개운치 않습니다. 마음이 지옥 같아집니다. 이것이 심판의 결과입니다. 우리는 이런 상황이 되면 회개합니다. 회개하고 나면 다시 마음이 좋아집니다. 반면 우리가 선을 행하고 의를 행하면 기쁘고 즐겁습니다. 용서하면 마음에 아침 안개 내리듯이 평안이 내려앉습니다. 사랑하면 날아갈 것 같습니다. 이것 역시 심판의 결과입니다.

이런 의미에서 우리는 날마다 하나님의 심판대 앞에 섭니다. 심판주는 멀리 계시지 않습니다. 야고보서의 말씀대로 심판주가 문 밖에 서 계십니다. 날마다 우리를 심판해 주시는 하나님으로 인해 우리는 날마다 죄에서 돌아서고, 이 땅과 저 천국에서 누릴 상을 쌓고 있습니다. 그러나 분명한 것은 죽은 다음에 심판은 받지 않습니다. 예수님이 이미 받으셨기 때문에 우리는 심판을 받지 않습니다.

바울도 버림받을까 봐 두려워했는데…

사도 바울은 예수를 믿는 모든 사람들이 인정하는 믿음의 사람입니다. 그가 예수를 믿고 걸었던 길을 따라 걷는 사람들이 오늘도 많습니다. 그는 참 많은 고난을 당했지만 굴하지 않고 예수 복음을 전하다 순교한 믿음의 대장부입니다.

우리는 바울을 좋아하고 존경하지만 그렇게 살 수는 없을 것 같은, 그야말로 범접할 수 없는 인물입니다. 그런데 그런 바울이 "내가 내 몸을 쳐 복종하게 함은 내가 남에게 전파한 후에 자신이 도리어 버림을 당할까 두려워함이로다"고전 9:27라고 말했습니다.

이 말씀 가운데 자신이 도리어 버림을 당할까 두려워함이라는 바울의 고백에서 걸립니다. 이 말이 하나님에게 버림을 당할까 봐 두려워한 것처럼 들리고, 구원받지 못할까 봐 두려워한 것으로 들리기 때문입니다. 그러다 보니 또 구원이 흔들리는 것입니다. "아니, 바울 같은 사람도 구원을 받지 못할까 봐 두려워했는데 나 같은 사람이 어찌……. 바울이 이 정도라면 과연 얼마나 구원받을 수 있을까? 누가 구원을 받을 수 있을까?" 이렇게 되면 다시 혼란스러워집니다.

과연 이 말씀이 바울이 구원받지 못할까 봐 두려워한 것일까요? "사람이 의롭게 되는 것은 율법의 행위로 말미암음이 아니요 오직 예수 그리스도를 믿음으로 말미암는 줄 알므로 우리도 그리스도 예수를 믿나니 이는 우리가 율법의 행위로써가 아니고 그리스도를 믿음으로써 의롭다 함을 얻으려 함이라 율법의 행위로써는 의롭다 함을 얻을 육체가 없느니라"갈 2:16고 힘주어 말한 바울이 과연 자신이 구원받지 못할까 봐 두려워서 한 말일까요? "만일 은혜로 된 것이면 행위로 말미암지 않음이니 그렇지 않으면 은혜가 은혜 되지 못하느니라"롬 11:6고 한 바울이, "그리스도 예수 안에 있는 속량으로 말미암아 하나님의 은혜로 값 없이 의롭다 하심을 얻은 자 되었느니라"롬 3:24고 선포한 바울이 구원받지 못할까 봐 두려워했을까요?

"1그러므로 이제 그리스도 예수 안에 있는 자에게는 결코 정죄함이 없나니 2이는 그리스도 예수 안에 있는 생명의 성령의 법이 죄와 사망의 법에서 너를 해방하였음이라"롬 8:1-2고 선언한 바울이 구원받지 못할까 봐 두려워했을까요? "33누가 능히 하나님께서 택하신 자들을 고발하리요 의롭다 하신 이는 하나님이시니 34누가 정죄하리요 죽으실 뿐 아니라 다시 살아나신 이는 그리스도 예수시니 그는 하나님 우편에 계신 자요 우리를 위하여 간구하시는 자시니라 35누가 우리를 그리스도의 사랑에서 끊으리요 환난이나 곤고나 박해나 기근이나 적신이나 위험이나 칼이랴 36기록된 바 우리가 종일 주를 위하여 죽임을 당하게 되며 도살 당할 양 같이 여김을 받았나이다 함과 같으니라 ³⁷그러나 이 모든 일에 우리를 사랑하시는 이로 말미암아 우리가 넉넉히 이기느니라 ³⁸내가 확신하노니 사망이나 생명이나 천사들이나 권세자들이나 현재 일이나 장래 일이나 능력이나 ³⁹높음이나 깊음이나 다른 어떤 피조물이라도 우리를 우리 주 그리스도 예수 안에 있는 하나님의 사랑에서 끊을 수 없으리라"롬 8:33-39고 힘차게 선포한 바울이 자신이 구원받지 못할까 봐 두려워했을까요?

바울이 한 "내가 내 몸을 쳐 복종하게 함은 내가 남에게 전파한 후에 자신이 도리어 버림을 당할까 두려워함이로다"고전 9:27를 전체 문맥 속에서 살펴볼 필요가 있습니다. 고린도전서 9장은 자유와 권리에 대한 내용을 다루고 있습니다. 바울은 자신에게 자유와 권리가 있다는 것을 전제하고 자신이 그것들을 사용하지 않는 이유를 "¹⁸그런즉 내 상이 무엇이냐 내가 복음을 전할 때에 값없이 전하고 복음으로 말미암아 내게 있는 권리를 다 쓰지 아니하는 이것이로다 ¹⁹내가 모든 사람에게서 자유로우나 스스로 모든 사람에게 종이 된 것은 더 많은 사람을 얻고자 함이라"고전 9:18-19라고 설명했습니다.

이렇게 설명한 후에 바울은 달리기 선수 예를 들면서 고린도 교회 성도들을 향해 너희도 상을 받도록 이와 같이 달음질하라고 권면했습니다.

"24운동장에서 달음질하는 자들이 다 달릴지라도 오직 상을 받는 사람은 한 사람인 줄을 너희가 알지 못하느냐 너희도 상을 받도록 이와 같이 달음질하라 25이기기를 다투는 자마다 모든 일에 절제하나니 그들은 썩을 승리자의 관을 얻고자 하되 우리는 썩지 아니할 것을 얻고자 하노라." 고전 9:24-25

이 권면이 끝난 후에 바울은 자신도 상을 받기 위해 열심히 하고 있음을 고린도 교회 성도들에게 다음과 같이 말했습니다.

"26그러므로 나는 달음질하기를 향방 없는 것 같이 아니하고 싸우기를 허공을 치는 것 같이 아니하며 27내가 내 몸을 쳐 복종하게 함은 내가 남에게 전파한 후에 자신이 도리어 버림을 당할까 두려워함이로다." 고전 9:26-27

이것은 구원과 관련된 것이 아니라 상과 관련된 것입니다. 우리에게는 하나님께서 값없이 주신 구원이 있고, 우리가 이 땅에서 말씀대로 한 것으로 인해 받을 상이 있습니다. 바울은 자신의 몸을 쳐 말씀에 복종하게 했습니다. 상을 위하여 그는 자신에게 주어진 자유와 권리도 사용하지 않으면서 충성했습니다. 그는 상을 바라보며 살았기에 모든 면에 절제할 수 있었고 모범

이 될 수 있었습니다. 하늘의 상을 위하여 그는 그렇게 한 것입니다. 바울은 이 상을 면류관이라고 부르기도 했습니다. 그가 순교할 날이 가까이 온 것을 알고 아들 같이 사랑하는 디모데에게 "⁷나는 선한 싸움을 싸우고 나의 달려갈 길을 마치고 믿음을 지켰으니 ⁸이제 후로는 나를 위하여 의의 면류관이 예비되었으므로 주 곧 의로우신 재판장이 그 날에 내게 주실 것이며 내게만 아니라 주의 나타나심을 사모하는 모든 자에게도니라"딤후 4:7-8 고 고백했습니다.

바울은 구원받았습니다. 바울은 상도 받았습니다. 구원은 값없이 받는 것입니다. 상은 자유와 권리가 있음에도 그것을 사용하지 않으며 자신을 쳐서 말씀에 복종하는 사람의 것입니다. 구원받은 우리는 더 이상 구원에 대해 헷갈려 아까운 시간을 허비하지 말고 바울이 고린도 교회 성도들에게 한 "너희도 상을 받도록 이와 같이 달음질하라"고전 9:24는 권면을 듣고 따라야 합니다.

요한계시록을 읽을 때

구원의 확신을 갖고 있다가도 요한계시록을 읽거나 강해를 듣고 오히려 구원에 대해 혼란을 겪는 경우들이 종종 있습니다. 그중에 하나는 이기는 자에 대한 말씀 앞에서입니다. 요한계시록을 보면 이기는 자들, 이긴 자들에 대해 많이 말씀하고 있습니다. 예를 들면 이런 말씀들입니다.

"귀 있는 자는 성령이 교회들에게 하시는 말씀을 들을지어다 이기는 그에게는 내가 하나님의 낙원에 있는 생명나무의 열매를 주어 먹게 하리라."계2:7

"귀 있는 자는 성령이 교회들에게 하시는 말씀을 들을지어다 이기는 자는 둘째 사망의 해를 받지 아니하리라."계2:11

"귀 있는 자는 성령이 교회들에게 하시는 말씀을 들을지어다 이기는 그에게는 내가 감추었던 만나를 주고 또 흰 돌을 줄 터인데 그 돌 위에 새 이름을 기록한 것이 있나니 받는 자 밖에는 그 이름을 알 사람이 없느니라."계2:17

"26이기는 자와 끝까지 내 일을 지키는 그에게 만국을 다스리는 권세를 주리니 27그가 철장을 가지고 그들을 다스려 질그릇 깨뜨리는 것과 같이 하리라 나도 내 아버지께 받은 것이 그러하니라 28내가 또 그에게 새벽 별을 주리라 29귀 있는 자는 성령이 교회들에게 하시는 말씀을 들을지어다."계2:26-29

"이기는 자는 이와 같이 흰 옷을 입을 것이요 내가 그 이름을

생명책에서 결코 지우지 아니하고 그 이름을 내 아버지 앞과 그의 천사들 앞에서 시인하리라."계3:5

"이기는 자는 내 하나님 성전에 기둥이 되게 하리니 그가 결코 다시 나가지 아니하리라 내가 하나님의 이름과 하나님의 성 곧 하늘에서 내 하나님께로부터 내려오는 새 예루살렘의 이름과 나의 새 이름을 그이 위에 기록하리라."계3:12

"이기는 그에게는 내가 내 보좌에 함께 앉게 하여 주기를 내가 이기고 아버지 보좌에 함께 앉은 것과 같이 하리라."계3:21

"이기는 자는 이것들을 상속으로 받으리라 나는 그의 하나님이 되고 그는 내 아들이 되리라."계21:7

요한계시록에 있는 이 말씀들을 읽다 보면 자연스럽게 구원은 이기는 자가 받는 것이구나 하는 생각을 하게 됩니다. 그런 다음에 자연스럽게 이어지는 물음은 이것입니다.

"나는 이기는 자가 될 수 있을까?"

여러 상황들을 가정해서 스스로 이기는 자가 될 수 있을지 시험해 보기도 합니다. 사우나에 들어가서 한계 시간까지 보낸 다음, 지금 밖에서 박해자들이 예수를 부인하면 문을 열어 주겠지만, 시인한다면 계속 온도를 올리겠다고 협박한다면 어떻게 할 것인가? 그것을 가정하고 견디다 어느 순간 문을 박차고 뛰쳐나가며 생각합니다.

"아, 안 될 것 같아."

목욕탕 안에서는 물속에 머리를 담그고 가정하기를, 지금 박해자들이 내 머리를 잡고 내리누르며 예수를 부인하면 살려 주겠지만 그렇지 않으면 계속 누르겠다고 한다면 나는 어떻게 할 것인가? 이런 가정을 하고 물속에서 참을 때까지 참아 보다가 어느 순간 '푸' 하고 물 밖으로 고개를 들어올리며 또 생각합니다.

"아, 나는 안 돼."

영화를 보다 고문 장면이 나오면 또 이런 상황을 대입해 봅니다. 사극을 볼 때는 인두나 주리에 대입해 보고 현대극을 볼 때는 전기고문이나 물고문에 대입해 봅니다. 여지없이 무너집니다. 예수를 믿는 사람이라면 한 번쯤은 다 해 봤을 법한 일입니다.

이런 상황인데 요한계시록을 읽으면 이기는 자는, 이기는 자는 하고 계속 이어지니 자신이 없어지는 것입니다. 이길 자신이 없어지면서 구원도 자신이 없어지는 것입니다.

기쁜 소식을 전해 드립니다. 요한계시록에 나오는 이기는 자는 예수 믿는 자의 다른 표현입니다. 이겨야 구원받는 것이 아니라 예수를 믿는 사람은 이깁니다. 이미 이겼습니다. 그렇기 때문에 구원받습니다. 위에 있는 요한계시록 말씀 중에 나오는 이기는 자에 예수를 믿는 당신을 넣고 적용하면 됩니다. 우리는 이미 앞에서 예수를 믿는 자에게 하나님이 주시는 구원, 그중에서도 이 땅에서 받는 구원에 대해 같이 나누었습니다. 그중에 하나가 승리입니다. 이기는 것입니다. 잠시 앞으로 돌아가서 승리편을 다시 읽어 보십시오. 우리의 이김의 근원이 무엇인지 찾아보십시오. 우리의 이김의 원천은 예수 그리스도입니다. 믿음이 이깁니다. 다음 말씀을 소리 내어 읽어 보십시오.

"⁴무릇 하나님께로부터 난 자마다 세상을 이기느니라 세상을 이기는 승리는 이것이니 우리의 믿음이니라 ⁵예수께서 하나님의 아들이심을 믿는 자가 아니면 세상을 이기는 자가 누구냐." 요일 5:4-5

또한 이것은 요한계시록도 증거하고 있습니다. 역시 다음 말씀도 소리 내어 힘차게 읽어 보십시오.

"그들이 어린 양과 더불어 싸우려니와 어린 양은 만주의 주시요 만왕의 왕이시므로 그들을 이기실 터이요 또 그와 함께

있는 자들 곧 부르심을 받고 택하심을 받은 진실한 자들도 이기리로다."계 17:14

 이제 사우나 안에서, 목욕탕 안에서, 영화나 드라마를 보다가 좌절하지 마십시오. 만약 하나님께서 우리에게 순교의 영광을 주신다면 그때는 그것도 기쁨으로 감당할 수 있는 힘과 그 가운데서 승리할 수 있는 은혜도 함께 주실 것입니다. 만약 우리가 순교의 열차를 타야 한다면 표는 그때 끊으면 됩니다. 지금부터 미리 그 표 끊을 생각을 하며 두려워하거나 좌절할 필요는 없습니다. 순교의 열차를 타야 한다면 그때 하나님은 표도 끊어 주실 것입니다. 주님이 끊어 주신 표를 가지고 행복하게 순교의 열차를 타면 됩니다. 스데반이 순교할 때에 그의 얼굴이 천사의 얼굴과 같아졌던 것처럼 우리는 그 순간에도 행복할 것입니다.

8
하늘에 계신 내 아버지의 뜻

예수를 믿는 사람 중에 구원받은 것으로 인해 기뻐하다가도 다음 말씀 앞에서 한 번쯤 흔들리지 않은 사람은 거의 없을 것입니다. 이 말씀은 바로 나더러 주여 주여 하는 자마다 다 천국에 들어갈 것이 아니요로 시작하는 예수님의 말씀입니다. 마태복음 7장, 산상수훈의 결론 부분으로 좋은 나무와 못된 나무에 대한 비유에 바로 이어지는 말씀인데 먼저 말씀을 함께 보겠습니다.

"²¹나더러 주여 주여 하는 자마다 다 천국에 들어갈 것이 아니요 다만 하늘에 계신 내 아버지의 뜻대로 행하는 자라야 들어가리라 ²²그 날에 많은 사람이 나더러 이르되 주여 주여 우리가 주의 이름으로 선지자 노릇 하며 주의 이름으로 귀신을 쫓아 내며 주의 이름으로 많은 권능을 행하지 아니하였나이까 하리니 23그 때에 내가 그들에게 밝히 말하되 내가 너희를 도무지 알지 못하니 불법을 행하는 자들아 내게서 떠나가라 하리라 24그러므로 누구든지 나의 이 말을 듣고 행하는 자는 그 집을 반석 위에 지은 지혜로운 사람 같으리니 25비가 내리고 창수가 나고 바람이 불어 그 집에 부딪치되 무너지지 아니하나니 이는 주추를 반석 위에 놓은 까닭이요 26나의 이 말을 듣고 행하지 아니하는 자는 그 집을 모래 위에 지은 어리석은 사람 같으리니 27비가 내리고 창수가 나고 바람이 불어 그 집에 부딪치매 무너져 그 무너짐이 심하니라 28예수께서 이 말씀을 마치시매 무리들이 그의 가르치심에 놀라니 29이는 그 가르치시는 것이 권위 있는 자와 같고 그들의 서기관들과 같지 아니함일러라."마7:21-29

예수님의 이 말씀을 얼핏 보면 구원은 행함으로 받는 것처럼 오해할 수도 있습니다. 특별히 21절에서 "다만 하늘에 계신 내 아버지의 뜻대로 행하는 자라야 (천국에) 들어가리라"는 말씀은 행함이 있어야 천국에 들어갈 수 있다는 선언처럼 들릴 수 있습니다. 그래서 많은 사람들이 이 말씀 앞에서 당황하고, 그동안 가졌던 구원의 기쁨을 잃어버리기도 합니다.

과연 이 말씀이 행함이 있어야 구원을 받을 수 있다는 예수님의 선언일까요?

성경에서 하나님의 뜻을 찾아볼 필요가 있습니다. 예수님께서 말씀하신 하늘에 계신 내 아버지의 뜻이 무엇인지를 알기 위해서입니다. 성경을 보면 내용적으로 이것이 하나님의 뜻이구나 하고 알 수 있는 것들이 있습니다. 또 이것이 하나님의 뜻이라고 문자적으로 기록되어 있는 것도 있습니다. 우리는 후자를 중심으로 하나님의 뜻을 살펴보려고 합니다.

**항상 기뻐하고
쉬지 말고 기도하고 범사에 감사하는 것이 하나님의 뜻이다**

하나님의 뜻이라고 명확하게 나와 있는 말씀 중에 우리에게 익숙한 말씀은 데살로니가전서 5장 16절부터 18절까지에 있는 "16항상 기뻐하라 17쉬지 말고 기도하라 18범사에 감사하라 이것이 그리스도 예수 안에서 너희를 향하신 하나님의 뜻이니라"가 아닐까 싶습니다.

바울이 데살로니가 교회에 편지를 써 보내면서 가르쳐 준 하나님의 뜻은 항상 기뻐하고 쉬지 말고 기도하고 범사에 감사하는 것입니다. 이것은 우리가 살아서 이 땅에서 받은 구원을 묘사하는 것입니다. 항상 기뻐하며 쉬지 않고 기도하며 범사에 감사하며 사는 것은 예수를 믿어 구원받은 사람만이 할 수 있는 일입니다. 항상 기뻐하고 쉬지 않고 기도하고 범사에 감사함으로 구원을 받는 것이 아니라 구원을 받은 결과가 이렇게 나타난 것입니다.

이 구원의 결과를 구원의 조건으로 내세우면 우리 가운데는 구원받을 사람이 한 사람도 없습니다. 세상에 그 어떤 사람이 항상 기뻐하고 쉬지 않고 기도하고 범사에 감사하며 평생을 살 수 있겠습니까. 다시 한 번 강조합니다. 이것은 구원의 조건이 아니라 구원의 결과입니다.

행위로 말미암지 않고
오직 부르시는 이로 말미암아 구원받는 것이 하나님의 뜻이다

로마서에는 구원에 대한 심오한 진리가 담겨 있습니다. 로마서 9장에 하나님의 뜻이 등장합니다. 먼저 말씀을 함께 보겠습니다.

"6이스라엘에게서 난 그들이 다 이스라엘이 아니요 7또한 아브라함의 씨가 다 그의 자녀가 아니라 오직 이삭으로부터 난 자라야 네 씨라 불리리라 하셨으니 8곧 육신의 자녀가 하나님의 자녀가 아니요 오직 약속의 자녀가 씨로 여기심을 받느니라 ⁹약속의 말씀은 이것이니 명년 이 때에 내가 이르리니 사라에게 아들이 있으리라 하심이라 ¹⁰그뿐 아니라 또한 리브가가 우리 조상 이삭 한 사람으로 말미암아 임신하였는데 ¹¹그 자식들이 아직 나지도 아니하고 무슨 선이나 악을 행하지 아니한 때에 택하심을 따라 되는 하나님의 뜻이 행위로 말미암지 않고 오직 부르시는 이로 말미암아 서게 하려 하사 ¹²리브가에게 이르시되 큰 자가 어린 자를 섬기리라 하셨나니 ¹³기록된 바 내가 야곱은 사랑하고 에서는 미워하였다 하심과 같으니라."롬 9:6-13

이 말씀은 구원에 대해 하나님의 선택을 강조하고 있습니다. 이스라엘에게서 난 그들이 다 이스라엘이 아니라고 전제하면서 구원이 그들의 행위로 말미암은 것이 아니라 하나님의 부르심의 결과임을 강조하고 있습니다. 이 말씀 속에서 우리는 하나님 아버지의 뜻은 행위로 말미암지 않고 오직 부르시는 이로 말미암아 우리가 구원을 받는다는 것을 확인할 수 있습니다.

택한 자는 다 구원받는 것이 하나님의 뜻이다

우리가 잘 아는 마태복음 18장에 나오는 잃어버린 양 한 마리 비유 중에 하나님의 뜻이 나옵니다.

"¹²너희 생각에는 어떠하냐 만일 어떤 사람이 양 백 마리가 있는데 그 중의 하나가 길을 잃었으면 그 아흔아홉 마리를 산에 두고 가서 길 잃은 양을 찾지 않겠느냐 ¹³진실로 너희에게 이르노니 만일 찾으면 길을 잃지 아니한 아흔아홉 마리보다 이것을 더 기뻐하리라 ¹⁴이와 같이 이 작은 자 중의 하나라도 잃는 것은 하늘에 계신 너희 아버지의 뜻이 아니니라." 마 18:12-14

이 말씀을 통해 알 수 있는 하나님의 뜻은 하나님께서 구원하시기로 택하신 이들 중에 하나라도 잃어버리지 않는다는 것입니다. 요한복음을 통해 우리는 이와 관련된 예수님의 육성을 들을 수 있습니다. "나를 보내신 이의 뜻은 내게 주신 자 중에 내가 하나도 잃어버리지 아니하고 마지막 날에 다시 살리는 이것이니라." 요 6:39

하나님이 택하신 그의 자녀들이 다 구원받는 것, 이것이 하나님의 뜻입니다.

전도를 통해
하나님이 택하신 자를 구원하는 것이 하나님의 뜻이다

예수님께서 각 마을을 돌면서 직접 전도하셨습니다. 예수님은 갈릴리 호수 주변 마을을 비롯해 여러 곳을 돌며 복음을 전했습니다. 예수님이 직접 전도를 하셨음에도 믿지 않는 사람들이 많았습니다. 예수님께서는 복음을 받아들이지 않는 갈릴리 호수 주변에 있는 몇 마을을 향해 화를 선포하셨습니다.

"12내가 너희에게 말하노니 그 날에 소돔이 그 동네보다 견디기 쉬우리라 13화 있을진저 고라신아, 화 있을진저 벳새다야, 너희에게 행한 모든 권능을 두로와 시돈에서 행하였더라면 그들이 벌써 베옷을 입고 재에 앉아 회개하였으리라 14심판 때에 두로와 시돈이 너희보다 견디기 쉬우리라 15가버나움아 네가 하늘에까지 높아지겠느냐 음부에까지 낮아지리라." 눅 10:12-15

예수님이 직접 가셔서 전도를 하셔도 예수를 믿지 않는 사람들이 있는 상황에 예수님께서는 칠십 인을 둘씩 짝을 지어 여러 마을로 전도를 보냈습니다.

예수님이 칠십 인을 둘씩 짝지어 각 동네와 각 지역으로 전도를 보내시며 "너희 말을 듣는 자는 곧 내 말을 듣는 것이요 너희를 저버리는 자는 곧 나를 저버리는 것이요 나를 저버리는 자는 나 보내신 이를 저버리는 것이라" 눅 10:16고 말씀하셨습니다. 전도를 마치고 돌아온 칠십 인이 기뻐하며 예수님께 나와 "주여 주의 이름이면 귀신들도 우리에게 항복하더이다"눅 10:17 라고 보고했습니다.

예수께서 그들에게 "사탄이 하늘로부터 번개 같이 떨어지는 것을 내가 보았노라"눅 10:18고 하시며 "내가 너희에게 뱀과 전갈을 밟으며 원수의 모든 능력을 제어할 권능을 주었으니 너희를 해칠 자가 결코 없으리라"눅 10:19고 격려해 주셨습니다. 그리고 이어 "그러나 귀신들이 너희에게 항복하는 것으로 기뻐하지 말고 너희 이름이 하늘에 기록된 것으로 기뻐하라"눅 10:20고 말씀하시며 하나님의 뜻을 드러내셨습니다.

"그 때에 예수께서 성령으로 기뻐하시며 이르시되 천지의 주재이신 아버지여 이것을 지혜롭고 슬기 있는 자들에게는 숨기시고 어린 아이들에게는 나타내심을 감사하나이다 옳소이다 이렇게 된 것이 아버지의 뜻이니이다."눅 10:21

예수님은 전도자들에게 너희 말을 듣는 자는 곧 내 말을 듣는 것이라고 일러주시며 가서 말씀을 전하라고 하셨습니다. 전도자들은 어린아이와 같이 가서 그대로 했습니다. 가서 예수님의 말씀을 전했습니다. 놀랍게도 그 말을 듣는 사람들이 있었습니다. 예수님을 보지 못하고도 예수님을 믿는 사람들이 생긴 것입니다.

전도자를 통해 전해진 예수님의 말씀을 듣는 사람들에게서 구원의 역사가 나타났습니다. 다만 전도자들이 전한 복음을 들었을 뿐인데, 거기서 구원의 역사가 일어난 것입니다. 예수님이 도마의 신앙고백 후에 하신 "보지 못하고 믿는 자들은 복되도다"요 20:29라고 하신 사람들이 벌써 이때 나타난 것입니다.

전도를 통해 구원의 역사를 이루는 것, 이것이 하나님의 뜻입니다.

전도자는 지혜롭고 슬기 있는 자 같아 보이지 않습니다. 오히려 전도는 미련한 것처럼 보입니다. 바울도 고린도 교회에 편지를 써 보내며 다음과 같은 말을 했습니다.

"18십자가의 도가 멸망하는 자들에게는 미련한 것이요 구원을 받는 우리에게는 하나님의 능력이라 19기록된 바 내가 지혜 있는 자들의 지혜를 멸하고 총명한 자들의 총명을 폐하리라 하였으니 20지혜 있는 자가 어디 있느냐 선비가 어디 있느냐 이 세대에 변론가가 어디 있느냐 하나님께서 이 세상의 지혜를 미련하게 하신 것이 아니냐 21하나님의 지혜에 있어서는 이 세상이 자기 지혜로 하나님을 알지 못하므로 하나님께서 전도의 미련한 것으로 믿는 자들을 구원하시기를 기뻐하셨도다." 고전 1:18-21

전도가 미련한 것이라는 것은 하나님도 아시고 성경도 증거하는 일입니다. 전도가 미련한 것 같다고 지혜롭고 슬기 있는 구원의 방법을 모색하는 것은 헛수고입니다. 왜냐하면 하나님께서 전도의 미련한 것으로 믿는 자들을 구원하시기로 뜻을 정하셨기 때문입니다. 전도를 통해 구원받는 것, 이것이 하나님의 뜻입니다. 그래서 우리는 오늘도 전도하는 것입니다. 전도가 미련해 보여도 하나님이 전도를 통해 믿는 자들이 구원을 받도록 하셨기 때문에 구원의 역사는 전도 현장에서 일어납니다.

성도가 성도로 사는 것이 하나님의 뜻이다

하나님께서는 바울을 통해 하나님의 뜻 하나를 선명하게 가르쳐 주셨습니다. 그것은 예수를 믿는 우리의 거룩함입니다. 우리가 성도 되는 것입니다. 바울은 데살로니가 성도들에게 "하나님의 뜻은 이것이니 너희의 거룩함이라"살전 4:3고 일러 주면서 "3곧 음란을 버리고 4각각 거룩함과 존귀함으로 자기의 아내 대할 줄을 알고 5하나님을 모르는 이방인과 같이 색욕을 따르지 말고 6이 일에 분수를 넘어서 형제를 해하지 말라 이는 우리가 너희에게 미리 말하고 증언한 것과 같이 이 모든 일에 주께서 신원하여 주심이라"살전 4:3-6고 엄히 명했습니다.

이 말씀은 예수를 믿음으로 구원받은 우리의 삶이 어떠해야 할지를 잘 묘사해 주고 있습니다. 예수를 믿는 우리는 거룩해야 합니다. 구별되어야 합니다. 거룩함은 구원받은 우리의 이름이자 우리의 얼굴입니다. 거룩하신 하나님은 내가 거룩하니 너희도 거룩하라고 말씀하십니다.

기억해야 합니다. 거룩함 역시 구원의 결과입니다. 거룩해야 구원받는 것이 아니라 구원받았기 때문에 거룩해야 합니다.

아들을 믿는 자마다 영생을 얻는 것이 하나님의 뜻이다

예수님이 오병이어 기적 후에 이렇게 말씀하셨습니다.

"35예수께서 이르시되 나는 생명의 떡이니 내게 오는 자는 결코 주리지 아니할 터이요 나를 믿는 자는 영원히 목마르지 아니하리라 36그러나 내가 너희에게 이르기를 너희는 나를 보고도 믿지 아니하는도다 하였느니라 37아버지께서 내게 주시는 자는 다 내게로 올 것이요 내게 오는 자는 내가 결코 내쫓지 아니하리라 38내가 하늘에서 내려온 것은 내 뜻을 행하려 함이 아니요 나를 보내신 이의 뜻을 행하려 함이니라 39나를 보내신 이의 뜻은 내게 주신 자 중에 내가 하나도 잃어버리지 아니하고 마지막 날에 다시 살리는 이것이니라 ⁴⁰내 아버지의 뜻은 아들을 보고 믿는 자마다 영생을 얻는 이것이니 마지막 날에 내가 이를 다시 살리리라 하시니라."요 6:35-40

이 말씀에서 하나님의 뜻은 따로 설명할 필요가 없을 정도로 아주 선명하게 드러납니다. 하나님 아버지의 뜻은 아들을 보고 믿는 자마다 영생을 얻는 것입니다.

하늘에 계신
내 아버지의 뜻대로 행하는 것은 예수 믿는 것이다

우리는 지금까지 하나님 아버지의 뜻을 성경을 통해 찾아보았습니다. "나더러 주여 주여 하는 자마다 다 천국에 들어갈 것이 아니요 다만 하늘에 계신 내 아버지의 뜻대로 행하는 자라야 들어가리라"마 7:21는 예수님의 말씀 속에 있는 내 아버지의 뜻대로 행하는 자가 누구인지, 내 아버지의 뜻대로 행하는 것이 무엇인지를 알기 위함이었습니다. 이것이 행함이 구원의 조건이라는 의미인지를 성경을 통해서 조명해 본 것입니다. 결론은 그것이 아닌 것으로 나타났습니다.

성경을 통해 우리가 얻은 결론은 이것입니다. 하늘에 계신 내 아버지의 뜻은 예수 믿는 것입니다. 내 아버지의 뜻대로 행하는 자는 예수 믿는 자입니다.

우리가 이 말씀 앞에서 헷갈린 이유 중에 하나는 예수님의 말씀 중에 나오는 '나더러 주여 주여 하는 자'를 예수 믿는 사람이라고 생각했기 때문이 아닐까 싶습니다.

그러나 여기 나오는 주여 주여 하는 사람은 예수님을 그리스도와 하나님의 아들로 믿지 않은 사람입니다. 예수님을 믿지 않고 입으로만 주여 주여 한 사람입니다. 이렇게 단정하는 근거는 이 사람이 예수를 믿었다면, 필연적으로 나타나야 할 믿음의 당연한 결과인 행함이 이 사람에게 없었습니다. 예수님이 이 말씀에 이어 '나의 이 말을 듣고 행하는 자'와 '나의 이 말을 듣고 행하지 아니하는 자'에 대해 말씀하신 것을 주목해야 합니다.

예수님을 믿지 않으면서도 예수님을 향해 여전히 주여 주여하는 사람들이 예수님 당시에도 많이 있었습니다. 예수님의 말씀을 직접 들어 보면 실감이 날 것입니다. "너희는 나를 불러 주여 주여 하면서도 어찌하여 내가 말하는 것을 행하지 아니하느냐."눅 6:46

예수님을 믿는 사람은 예수님의 말씀을 듣고, 예수님을 믿지 않는 사람은 예수님의 말씀을 듣지 않습니다. 예수님이 산상수훈에서 하신 "²¹나더러 주여 주여 하는 자마다 다 천국에 들어갈 것이 아니요 다만 하늘에 계신 내 아버지의 뜻대로 행하는 자라야 들어가리라 ²²그 날에 많은 사람이 나더러 이르되 주여 주여 우리가 주의 이름으로 선지자 노릇 하며 주의 이름으로 귀신을 쫓아 내며 주의 이름으로 많은 권능을 행하지 아니하였나이까 하리니 ²³그 때에 내가 그들에게 밝히 말하되 내가 너희를 도무지 알지 못하니 불법을 행하는 자들아 내게서 떠나가라 하리라"마 7:21-23는 말씀은 예수님을 믿지 않는, 믿지 않았으니 당연히 예수님의 말씀을 행하지도 않으면서 입으로만 주여 주여 하는 이들을 향한 경고의 말씀입니다. 이들에게는 믿음의 당연한 결과인 행함이 없었습니다.

여기 나오는 주여 주여 하는 자들은 디도서의 표현을 빌리면 예수를 입으로는 시인하나 행위로는 부인하는 자들입니다. 디도는 이런 이들을 향해 "그들이 하나님을 시인하나 행위로는 부인하니 가증한 자요 복종하지 아니하는 자요 모든 선한 일을 버리는 자니라"딛 1:16고 했습니다. 야고보의 표현으로 하면 이들은 행함이 없는 믿음 곧 죽은 믿음의 소유자들입니다. 야고보는 "영혼 없는 몸이 죽은 것 같이 행함이 없는 믿음은 죽은 것이니라"약 2:26라고 했습니다.

9
구원에 대해 다른 사람 헷갈리게 하지 않기

우리는 구원에 대해 헷갈리게 하는 경우들을 몇 가지 살펴보았습니다. 이것들 외에 우리의 교회 생활 중에도 구원에 대해 헷갈리게 하는 경우들이 있습니다.

제가 주일학교를 다닐 때 선생님은 천국은 사다리를 타고 가는데 주일을 한 번 빠질 때마다 사다리 이가 하나씩 빠진다고 가르쳤습니다. 주일을 한 번 빠질 때마다 사다리 이가 하나씩 빠진다는 선생님 말씀 덕에 주일에 빠지지 않고 열심히 나간 면은 있습니다. 그러나 지나고 보니 굳이 이렇게까지 하지 않아도 좋았을 텐데 하는 아쉬운 마음이 듭니다.

교회에서 가르치는 사역을 하는 이들은 유념할 필요가 있습니다. 하나님의 말씀대로 할 것을 부지런히 가르쳐야 합니다. 잘못하면 꾸짖고 책망도 해야 합니다. 그러나 주의할 것은 그것을 구원과 관련시켜 겁을 주는 일은 삼가야 합니다. 그러면 안 된다고 할 대목에서 그러면 구원받지 못한다고 말하지 말아야 합니다. 올바로 해야 한다고 말해야 할 대목에서 그렇게 해야 구원받는다고 말하지 말아야 합니다. 구원과 관련시키면 말씀을 더 잘 듣고 더 잘 지킬 것이라는 생각때문에 이미 받은 성도들의 구원을 흔드는 일은 삼가야 합니다.

목회자의 사명 중 하나는 구원받은 성도들의 구원이 흔들리지 않도록 붙잡아주는 것입니다. 성도들은 생각보다 자주 구원에 대해 흔들립니다. 성도들의 흔들리는 구원을 다시 복음으로 견고하게 붙잡아 주는 역할을 목회자들이 매주 합니다. 이 귀한 일의 모범을 우리는 바울 사도에게서 봅니다. 바울은 그의 서신에서 많은 분량을 성도들의 흔들리는 구원을 붙잡아 주는데 할애했습니다.

성도들을 구원에 대해 헷갈리게 하는 것은 교인들을 위험한 상황에 빠트리는 결과를 초래할 수도 있습니다. 이단들이 성도들을 미혹할 때 구원부터 흔든다는 사실을 주목해야 합니다.

10
헷갈리지 않고 천국 살기

처음으로 돌아가 구원에 대해 다시 이야기합니다. 성경은 우리가 구원받는 길을 아주 단순 명료하게 가르쳐 줍니다. "주 예수를 믿으라 그리하면 너와 네 집이 구원을 받으리라."행 16:31

이해를 돕기 위해 우리가 받는 구원을 둘로 나눠 설명했습니다. 이 땅에 살아 있는 동안에 받는 구원과 죽음 후에 저세상에서 받는 구원으로. 예수를 믿음으로 우리가 이 세상에서 받는 구원의 이름은 행복이고 죽은 후에 받는 구원의 이름은 천국입니다. 우리는 천국을 살다 천국 갈 사람들입니다. 우리는 이제 더 이상 구원에 대해 헷갈리지 말고 천국을 살아야 합니다.

구원에 대해 헷갈리지 않으려면 은혜와 율법을 잘 이해해야 합니다.

은혜로 받은 구원

의義는 구원과 직결되어 있습니다. 의인이라는 말은 곧 그가 구원받을 수 있는 사람이 되었다는 의미입니다. 구원을 받기 위해서는 의가 필요합니다. 의인이 되어야 합니다. 의를 얻는 방법, 의인이 되는 방법은 두 가지입니다. 하나는 하나님의 말씀인 율법 전체를 지키면 됩니다. 그러면 의롭다 함을 받을 수 있습니다. 그러나 이렇게 의를 획득할 수 있는 사람은 없습니다. 이렇게 의인이 될 수 있는 사람은 없나니 하나도 없습니다. 의를 얻는 또 하나의 방법은 하나님이 값없이 주시는 의를 받는 것입니다. 이것을 성경은 하나님의 의, 그리스도의 의라고 합니다. 우리는 전적인 하나님의 의로 구원받습니다. 성경은 우리의 행위로는 구원을 얻을 수 없다고 강조하고 있습니다. 다음 성경 말씀들은 이것을 증거하고 있습니다.

"19우리가 알거니와 무릇 율법이 말하는 바는 율법 아래에 있는 자들에게 말하는 것이니 이는 모든 입을 막고 온 세상으로 하나님의 심판 아래에 있게 하려 함이라 20그러므로 율법의 행위로 그의 앞에 의롭다 하심을 얻을 육체가 없나니 율법으로는 죄를 깨달음이니라 21이제는 율법 외에 하나님의 한 의가 나타났으니 율법과 선지자들에게 증거를 받은 것이라 22곧 예수 그리스도를 믿음으로 말미암아 모든 믿는 자에게 미치는 하나님의 의니 차별이 없느니라 23모든 사람이 죄를 범하였으매 하나님의 영광에 이르지 못하더니 24그리스도 예수 안에 있는 속량으로 말미암아 하나님의 은혜로 값 없이 의롭다 하심을 얻은 자 되었느니라 25이 예수를 하나님이 그의 피로써 믿음으로 말미암는 화목제물로 세우셨으니 이는 하나님께서 길이 참으시는 중에 전에 지은 죄를 간과하심으로 자기의 의로우심을 나타내려 하심이니 26곧 이 때에 자기의 의로우심을 나타내사 자기도 의로우시며 또한 예수 믿는 자를 의롭다 하려 하심이라 27그런즉 자랑할 데가 어디냐 있을 수가 없느니라 무슨 법으로냐 행위로냐 아니라 오직 믿음의 법으로니라 28그러므로 사람이 의롭다 하심을 얻는 것은 율법의 행위에 있지 않고 믿음으로 되는 줄 우리가 인정하노라."롬 3:19-28

"2만일 아브라함이 행위로써 의롭다 하심을 받았으면 자랑할 것이 있으려니와 하나님 앞에서는 없느니라 ³성경이 무엇을 말하느냐 아브라함이 하나님을 믿으매 그것이 그에게 의로 여겨진 바 되었느니라 ⁴일하는 자에게는 그 삯이 은혜로 여겨지지 아니하고 보수로 여겨지거니와 ⁵일을 아니할지라도 경건하지 아니한 자를 의롭다 하시는 이를 믿는 자에게는 그의 믿음을 의로 여기시나니 ⁶일한 것이 없이 하나님께 의로 여기심을 받는 사람의 복에 대하여 다윗이 말한 바 ⁷불법이 사함을 받고 죄가 가리어짐을 받는 사람들은 복이 있고 ⁸주께서 그 죄를 인정하지 아니하실 사람은 복이 있도다 함과 같으니라 ¹³아브라함이나 그 후손에게 세상의 상속자가 되리라고 하신 언약은 율법으로 말미암은 것이 아니요 오직 믿음의 의로 말미암은 것이니라."롬 4:2-8, 13

"¹⁷한 사람의 범죄로 말미암아 사망이 그 한 사람을 통하여 왕 노릇 하였은즉 더욱 은혜와 의의 선물을 넘치게 받는 자들은 한 분 예수 그리스도를 통하여 생명 안에서 왕 노릇 하리로다 ¹⁸그런즉 한 범죄로 많은 사람이 정죄에 이른 것 같이 한 의로운 행위로 말미암아 많은 사람이 의롭다 하심을 받아 생명에 이르렀느니라 ¹⁹한 사람이 순종하지 아니함으로 많은 사람이 죄인 된 것 같이 한 사람이 순종하심으로 많은 사람이 의인이

되리라."롬 5:17-19

"만일 은혜로 된 것이면 행위로 말미암지 않음이니 그렇지 않으면 은혜가 은혜 되지 못하느니라."롬 11:6

"사람이 의롭게 되는 것은 율법의 행위로 말미암음이 아니요 오직 예수 그리스도를 믿음으로 말미암는 줄 알므로 우리도 그리스도 예수를 믿나니 이는 우리가 율법의 행위로써가 아니고 그리스도를 믿음으로써 의롭다 함을 얻으려 함이라 율법의 행위로써는 의롭다 함을 얻을 육체가 없느니라."갈 2:16

"1어리석도다 갈라디아 사람들아 예수 그리스도께서 십자가에 못 박히신 것이 너희 눈 앞에 밝히 보이거늘 누가 너희를 꾀더냐 2내가 너희에게서 다만 이것을 알려 하노니 너희가 성령을 받은 것이 율법의 행위로냐 혹은 듣고 믿음으로냐 3너희가 이같이 어리석으냐 성령으로 시작하였다가 이제는 육체로 마치겠느냐 4너희가 이같이 많은 괴로움을 헛되이 받았느냐 과연 헛되냐 5너희에게 성령을 주시고 너희 가운데서 능력을 행하시는 이의 일이 율법의 행위에서냐 혹은 듣고 믿음에서냐 6아브라함이 하나님을 믿으매 그것을 그에게 의로 정하셨다 함과 같으니라 7그런즉 믿음으로 말미암은 자들은 아브라함의 자손인 줄 알지어다 8또 하나님이 이방을 믿음으로 말미암아 의로 정하실 것을 성경이 미리 알고 먼저 아브라함에게 복음을 전하되 모든 이방인이 너로 말미암아 복을 받으리라 하였느니라 9그러므로 믿음으로 말미암은 자는 믿음이 있는 아브라함과 함께 복을 받느니라 10무릇 율법 행위에 속한 자들은 저주 아래에 있나니 기록된 바 누구든지 율법 책에 기록된 대로 모든 일을 항상 행하지 아니하는 자는 저주 아래에 있는 자라 하였음이라 11또 하나님 앞에서 아무도 율법으로 말미암아 의롭게 되지 못할 것이 분명하니 이는 의인은 믿음으로 살리라 하였음이라 12율법은 믿음에서 난 것이 아니니 율법을 행하는 자는 그 가운데서 살리라 하였느니라 13그리스도께서 우리를 위하여 저주를 받은 바 되사 율법의 저주에서 우리를 속량하셨으니 기록된 바 나무에 달린 자마다 저주 아래에 있는 자라 하였음이라 14이는 그리스도 예수 안에서 아브라함의 복이 이방인에게 미치게 하고 또 우리로 하여금 믿음으로 말미암아 성령의 약속을 받게 하려 함이라."갈 3:1-14

"8너희는 그 은혜에 의하여 믿음으로 말미암아 구원을 받았으니 이것은 너희에게서 난 것이 아니요 하나님의 선물이라 9행위에서 난 것이 아니니 이는 누구든지 자랑하지 못하게 함이라."엡 2:8-9

"하나님이 우리를 구원하사 거룩하신 소명으로 부르심은 우리의 행위대로 하심이 아니요 오직 자기의 뜻과 영원 전부터 그리스도 예수 안에서 우리에게 주신 은혜대로 하심이라."딤후 1:9

"4우리 구주 하나님의 자비와 사람 사랑하심이 나타날 때에 5우리를 구원하시되 우리가 행한 바 의로운 행위로 말미암지 아니하고 오직 그의 긍휼하심을 따라 중생의 씻음과 성령의 새롭게 하심으로 하셨나니 6우리 구주 예수 그리스도로 말미암아 우리에게 그 성령을 풍성히 부어 주사 7우리로 그의 은혜를 힘입어 의롭다 하심을 얻어 영생의 소망을 따라 상속자가 되게 하려 하심이라."딛 3:4-7

율법을 지키는 자의 행복

성경을 보면 이렇게 하라. 저렇게 하라. 이것은 하지 말라. 저것은 하라는 하나님의 명령들이 가득합니다. 구원을 받는 것이 사람의 행위로 말미암는 것이 아니라고 힘주어 강조하는 성경은 하나님의 말씀대로 행할 것을 그에 못지않게 강조합니다. 그러다 보니 헷갈리는 겁니다.

결코 구원이 사람의 행위로 말미암는 것이 아니라고 하면서 왜 성경은 하나님의 말씀대로 행하라고 할까요? 분명한 것은 하나님의 말씀대로 한다고 해서 그것으로 말미암아 우리가 죽은 다음에 천국을 가는 것이 아닙니다.

성경에 기록된 대부분의 명령은 우리가 이 세상에 사는 동안에 하거나 하지 말아야 할 것들입니다. 성경은 싸우지 말고 화평하라고 합니다. 죽은 다음에 우리가 들어갈 천국에서는 싸우지 않기 위해 애쓰지 않아도 됩니다. 성경은 미워하지 말고 사랑하라고 합니다. 죽은 다음에 우리가 들어갈 천국에서는 미워하지 않고 사랑하기 위해 애쓰지 않아도 됩니다. 천국에서는 이런 것들이 자동으로 됩니다. 미워하고 싶어도 미워할 수 없는 곳, 싸우고 싶어도 싸울 수 없는 곳이 천국입니다. 요한계시록에 천국은 이렇게 묘사되어 있습니다.

"^{1}또 내가 새 하늘과 새 땅을 보니 처음 하늘과 처음 땅이 없어졌고 바다도 다시 있지 않더라 ^{2}또 내가 보매 거룩한 성 새 예루살렘이 하나님께로부터 하늘에서 내려오니 그 준비한 것이 신부가 남편을 위하여 단장한 것 같더라 ^{3}내가 들으니 보좌에서 큰 음성이 나서 이르되 보라 하나님의 장막이 사람들과 함께 있으매 하나님이 그들과 함께 계시리니 그들은 하나님의 백성이 되고 하나님은 친히 그들과 함께 계셔서 ^{4}모든 눈물을 그 눈에서 닦아 주시니 다시는 사망이 없고 애통하는 것이나 곡하는 것

이나 아픈 것이 다시 있지 아니하리니 처음 것들이 다 지나갔음 이러라."계21:1-4

"¹또 그가 수정 같이 맑은 생명수의 강을 내게 보이니 하나님과 및 어린 양의 보좌로부터 나와서 ²길 가운데로 흐르더라 강 좌우에 생명나무가 있어 열두 가지 열매를 맺되 달마다 그 열매를 맺고 그 나무 잎사귀들은 만국을 치료하기 위하여 있더라 ³다시 저주가 없으며 하나님과 그 어린 양의 보좌가 그 가운데에 있으리니 그의 종들이 그를 섬기며 ⁴그의 얼굴을 볼 터이요 그의 이름도 그들의 이마에 있으리라 ⁵다시 밤이 없겠고 등불과 햇빛이 쓸 데 없으니 이는 주 하나님이 그들에게 비치심이라 그들이 세세토록 왕 노릇 하리로다."계22:1-5

믿음으로 구원받은 우리에게 율법을 버리지 말라고 하신 하나님의 뜻이 있습니다. 그것은 율법을 주신 목적을 알면 이해가 됩니다. 신명기 10장에서 하나님께서 모세를 통해 율법을 주신 목적을 모세의 육성으로 들어 보겠습니다.

"¹²이스라엘아 네 하나님 여호와께서 네게 요구하시는 것이 무엇이냐 곧 네 하나님 여호와를 경외하여 그의 모든 도를 행하고 그를 사랑하며 마음을 다하고 뜻을 다하여 네 하나님 여호와를 섬기고 ¹³내가 오늘 네 행복을 위하여 네게 명하는 여

호와의 명령과 규례를 지킬 것이 아니냐." 신 10:12-13

'네 행복을 위하여'를 주목해야 합니다. 하나님이 우리에게 여호와의 명령과 규례를 주신 목적은 우리의 행복을 위하여입니다.

우리는 앞에서 예수를 믿고 우리가 이 땅에서 미리 누리는 천국의 특징들을 포괄하는 단어로 행복을 택했습니다. 행복은 우리가 예수를 믿고 이 땅에서 살며 누리는 구원의 이름입니다.

이 구원을 누리기 위해서는 여호와의 명령과 규례를 지켜야 합니다. 그래야 행복합니다. 네 이웃을 네 자신과 같이 사랑하라는 말씀대로 이웃을 사랑해야 행복합니다. 이웃을 미워하면 불행합니다. 우리는 이미 경험해서 압니다. 예수를 믿은 후에 우리가 행복했던 때도 있지만 행복하지 못했던 때도 있었습니다. 오히려 불행하다고 느끼며 지낸 날들도 있었습니다. 불행하다고 느껴지는 그때를 돌아보면 하나님의 말씀대로 하지 않고 있는 것들이 있었습니다. 우리가 누군가를 비난하고 비방하면서 행복할 수는 없습니다. 탐심을 따라 살면서 행복할 수는 없습니다. 행복은 여호와의 명령과 규례대로 할 때만 누릴 수 있습니다.

성경은 우리에게 어떻게 해야 행복한지를 가르쳐 줍니다. 오리를 가자고 하는 자와 함께 십리를 가면 행복합니다. 겉옷을 달라고 하는 자에게 속옷까지 주면 행복합니다. 오른뺨을 치는 자에게 왼뺨을 돌려대면 행복합니다.

예수를 믿어 사망에서 생명으로 옮겨진 우리에게 두꺼운 성경책이 여전히 필요한 이유 중에 하나는 이 세상에 사는 동안에도 구원받은 자로 살기 위해서입니다. 이것은 천국을 미리 경험하며 살게 하시기 위한 하나님의 배려입니다.

하나님의 뜻은 우리가 이 세상에서도 구원받은 자로 사는 것입니다. 죽은 다음에 천국에 들어가는 것만이 하나님의 뜻이 아닙니다. 이 세상에서도 구원받은 자로 살다 저 천국에 들어가는 것이 하나님의 뜻입니다. 우리는 천국을 살다 천국 갈 사람입니다. 구원받은 우리는 이땅에서도 천국을 살아야 합니다. 우리는 이 땅에서 구원받기 위한 삶이 아니라 구원받은 삶을 살아야 합니다.

하나님께서 우리에게 성경을 주셨습니다. 성경을 통해 하나님은 우리에게 이렇게 하라 저렇게 하라고 하셨습니다. 성경은 구원받은 우리에게 하신 말씀입니다. 구원받기 위해서 이렇게 하고 저렇게 하라고 하신 것이 아닙니다. 구원받았으니 이렇게 하고 저렇게 하라는 것입니다. 구원받았으니 천국을 살라는 말입니다. 예수님을 믿는 사람은 이 말씀을 듣습니다. 이 말씀대로 합니다. 그러면 우리는 이 땅에서도 천국을 삽니다.

이것이 정리되면, 더 이상 구원에 대해 헷갈리지 않을 수 있습니다. 오직 믿음으로 구원을 받는다는 말씀에도 아멘 할 수 있고, 여호와의 명령과 규례를 지켜 행하라는 말씀에도 아멘 할 수 있습니다. 이것이 정리되면, 설교자의 입장에서는 성도들을 향해 구원은 오직 믿음으로 받는 것이라고 힘차게 설교하면서도 성도들을 향해 하나님의 말씀대로 행하라고 힘차게 전할 수 있습니다. 이 은혜를 설교자와 회중들 모두가 누렸으면 좋겠습니다.

2부
이 땅에서 구원받은 자로 살기
- 프로젝트명 사랑하라

이 책의 전반부인 1부는 구원에 대해 헷갈리는 이들을 위해 쓴 글입니다. 만약 구원에 대해 헷갈려서 이 책을 읽기 시작했고, 1부를 읽는 가운데 구원에 대한 헷갈림이 사라지고 정리가 되었다면 감사한 일입니다. 이 책을 읽는 목적이 구원에 대해 헷갈리지 않는 것이고 그 목적을 달성했다면 1부까지만 읽고 책을 덮어도 됩니다. 만약 아직도 구원이 헷갈린다면 다시 앞으로 돌아가 한 번 더 읽을 것을 권합니다.

2부는 구원에 대해 헷갈리는 분들을 위한 내용이 아닙니다. 구원에 대한 헷갈림으로부터 벗어나 구원이 정리된 이들을 위한 것입니다. 이 땅에서도 구원받은 자로 살기 프로젝트입니다.

행복을 얻는 법

이 땅에서 우리가 받아 누릴 구원을 세상 사람들도 아는 말로 하면 행복입니다. 행복은 어떻게 얻을까요? 행복은 행복을 목적으로 하면 달아나는 속성이 있습니다. 그래서 많은 사람들이 행복을 추구하지만 행복하지 못한 것입니다. 행복하기 위해 한 일이 행복을 주지 못하는 것을 아마 경험해 보았을 것입니다. 행복을 목적으로 사는 사람은 이상하게 행복하지 못합니다. 쾌락을 추구하는 사람에게 쾌락이 없는 것과 마찬가지입니다.

행복을 목적으로 삼고 살아서는 행복할 수 없습니다. 행복은 결과입니다. 행복은 그 어떤 것을 했을 때 주어지는 결과입니다. 그 어떤 것이 무엇일까요? 그 어떤 것은 다름 아닌 하나님의 말씀대로 하는 것입니다. 하나님의 말씀에 순종하는 것입니다. 하나님께서 행복은 하나님의 말씀에 순종할 때 받는 것으로 설계해 놓으셨습니다. 이 비밀을 알지 못하면 평생 행복하기를 위해 애쓰기만 하다 행복하지 못한 채로 생을 마칠 수도 있습니다.

어려운 이웃을 돕는 일도 행복하기 위해 할 수 있고, 하나님의 말씀에 순종해서 할 수 있습니다. 행복하기 위해 어려운 이웃을 돕다 보면 이상하게 실망합니다. 행복해지기보다 불행해지는 것 같습니다. 그러나 같은 어려운 이웃을 돕는 일이라도 하나님의 말씀에 순종해서 도우면 결과가 달라집니다. 행복해집니다. 행복하기 위해 봉사하러 갔다가 실망해서 돌아온 경험들이 없잖아 있을 것입니다. 그렇다면 하나님의 말씀에 순종해서 봉사해 보십시오. 행복해질 것입니다. 행복하기 위해 가족에게 잘해 줬는데 행복하지 않았던 경험을 한 적이 있을 것입니다. 하나님의 말씀에 순종해서 아내를 귀히 여기고 남편에게 순종하면 결과가 달라집니다. 행복해집니다. 참 희한한 일입니다. 행복은 목적이 아니라 결과입니다.

이 진리를 깨달은 사람들은 하나님의 말씀이면 그대로 합니다. 무슨 일을 하더라도 행복해지기 위해서가 아니라 하나님의 말씀에 순종해서 합니다. 하나님이 쉬지 말고 기도하라고 하셨습니다. 이 말씀에 순종해서 기도하면 기쁨이 충만해집니다. 행복해집니다. 예수님은 "23내가 진실로 진실로 너희에게 이르노니 너희가 무엇이든지 아버지께 구하는 것을 내 이름으로 주시리라 24지금까지는 너희가 내 이름으로 아무 것도 구하지 아니하였으나 구하라 그리하면 받으리니 너희 기쁨이 충만하리라"요 16:23-24고 약속하셨습니다.

이 땅에서도 천국을 미리 살기

우리가 이 땅에 살면서 구원을 받기 위해 할 일은 없습니다. 하나님께서 값없이 주신 은혜로 이미 구원을 받았기 때문에 더 이상 우리가 구원을 받기 위해 할 일은 없습니다. 우리는 다만 구원받은 자로 살면 됩니다. 우리를 구원해 주신 하나님의 은혜에 감사하며, 구원받은 것으로 인해 기뻐하며 살면 됩니다. 하나님께서는 우리가 이 땅에서 구원받은 자로 사는 방법을 일러주셨습니다. 그것은 하나님의 말씀대로 사는 것입니다. 성경대로 사는 것입니다.

성경을 열 줄 정도로 요약하면 십계명입니다. 그것을 한 문장으로 요약하면 "네 마음을 다하며 목숨을 다하며 힘을 다하며 뜻을 다하여 주 너의 하나님을 사랑하고 또한 네 이웃을 네 자신 같이 사랑하라"눅 10:27 입니다. 이것을 한 단어로 표현하면 사랑입니다.

하나님께서 두꺼운 성경책에 기록해 주신 이것은 하라, 저것은 하지 말라는 말씀들은 다 사랑하라는 말로 요약되고 정리될 수 있습니다. 화목하라는 것도 사랑하라는 것입니다. 간음하지 말라는 것도 사랑하라는 것입니다. 성실하라는 것도 사랑하라는 것입니다. 거짓말 하지 말라는 것도 사랑하라는 것입니다. 성경은 "간음하지 말라, 살인하지 말라, 도둑질하지 말라, 탐내지 말라 한 것과 그 외에 다른 계명이 있을지라도 네 이웃을 네 자신과 같이 사랑하라 하신 그 말씀 가운데 다 들었느니라"롬 13:9고 가르쳐 줍니다.

이런 관점에서 성경대로 해야 행복하다는 말은 곧 사랑해야 행복하다는 말입니다. 죽은 다음에 천국을 보장받은 우리는 그 천국을 지금 이 땅에서도 누리며 살아야 합니다. 그러기 위해서는 성경대로 해야 합니다. 사랑해야 합니다. 그래서 사랑을 공부하려고 합니다. 사랑하기 위함입니다. 이 땅에서 구원받은 자로 살기 위함입니다. 저 좋은 천국을 이 땅에서 미리 살기 위함입니다.

이 땅에서 구원받은 자로 살기 프로젝트, 그것은 사랑하는 것입니다. 이 장에서는 사랑에 대해 조금 깊고 넓게 살펴보려고 합니다. 성경을 통해 성경이 말하고 있는 사랑에 대해 공부하려고 합니다. 공부라는 표현을 하는 것은 이제까지의 글 패턴과 차이가 있음을 미리 알려드리기 위함입니다. 사랑 공부용 교재 성격이 있습니다. 인용한 성경 구절도 많고 그것을 다 기록하다 보니 지금까지의 글을 읽을 때처럼 술술 넘어가지는 않을 수 있습니다. 대신 내용과 내용 사이를 한 줄씩 떠어서 가독성을 보완했습니다.

1
사랑의 보물 창고

사도 요한은 사랑의 사도라는 별명을 갖고 있습니다. 그래서 그런지 그가 기록한 서신은 사랑의 보물 창고와 같습니다. 사랑이 일곱 색깔 무지개처럼 다양한 모양과 색깔로 담겨 있습니다. 사도 요한은 요한일서 4장에서 사랑하는 자들을 향해 우리가 서로 사랑하자고 하면서 4장과 5장에 걸쳐 사랑에 대해 기원에서부터 시작해 종합적으로 설명했습니다. 그것으로부터 사랑 이야기를 시작합니다.

사랑은 하나님께 속한 것입니다. 사랑과 미움을 통해 성경은 우리가 누구에게 속했는지 가르쳐 줍니다. 성경은 "이러므로 하나님의 자녀들과 마귀의 자녀들이 드러나나니 무릇 의를 행하지 아니하는 자나 또는 그 형제를 사랑하지 아니하는 자는 하나님께 속하지 아니하니라"요일 3:10고 가르쳐주고 있습니다. 또한 성경은 "7사랑하는 자들아 우리가 서로 사랑하자 사랑은 하나님께 속한 것이니 사랑하는 자마다 하나님으로부터 나서 하나님을 알고 8사랑하지 아니하는 자는 하나님을 알지 못하나니 이는 하나님은 사랑이심이라"요일 4:7-8고 설명해 주고 있습니다.

하나님은 사랑이시고, 마귀는 미움입니다. 그래서 하나님께 속한 사람은 사랑하고 마귀에게 속한 사람은 미워합니다. 우리가 하나님의 영향권 안에 있으면 사랑합니다. 마귀의 영향권 안에 있으면 미워합니다. 우리가 하나님께 속해 있다는 가장 확실한 증거는 사랑하는 것입니다.

성경은 "마귀를 대적하라 그리하면 너희를 피하리라"약 4:7고 가르칩니다. 어떻게 하는 것이 마귀를 대적하는 것일까요.

마귀는 영물이기 때문에 거할 곳을 필요로 합니다. 그래서 마귀는 사람의 몸이나 짐승의 몸속에 들어가서 활동합니다. 이 마귀가 사람의 몸속에 들어가면 그 사람을 자기 뜻대로 움직이려고 합니다.

마귀가 들어가 하는 일들은 주로 사람을 망하게 하는 일입니다. 이 때 우리가 범하기 쉬운 실수는 마귀의 일을 하는 그 사람을 미워하거나 증오하는 것입니다. 이렇게 되면 우리 역시 마귀에게 이용당하는 것입니다. 어둠은 어둠으로 쫓아낼 수 없습니다. 어둠을 물러가게 하는 것은 빛입니다. 아주 가만히, 조용히 빛을 비추기만 해도 어둠은 물러갑니다. 우리가 잘못을 저지른 사람을 미워하는 것은 어둠으로 어둠을 쫓아내려는 어리석은 시도입니다.

마귀를 대적하는 것은 사랑하는 것입니다. 마귀가 역사하는 그 사람을 사랑하면 마귀와 그 사람이 분리됩니다. 미워하면 마귀와 그 사람은 더욱 붙어버립니다. 사랑이 있는 곳에 마귀는 더 이상 버틸 수 없습니다. 사랑은 사람과 마귀를 분리시키기 때문입니다.

하나님은 우리를 사랑하십니다. 하나님의 사랑은 자기의 독생자를 세상에 보내셔서 우리를 살리려 하신 것으로 나타났습니다. 우리가 하나님을 사랑한 것이 아닙니다. 하나님이 우리를 사랑하사 우리 죄를 속하기 위하여 화목 제물로 그 아들을 보내셨습니다.요일 4:9-10 하나님은 우리를 사랑하십니다. 이것은 성경에 가득합니다. 성경은 하나님이 우리를 사랑하신다는 것을 기록한 책입니다. 또한 이것은 예수님께서 직접 가르쳐 주신 사실입니다. "이는 너희가 나를 사랑하고 또 내가 하나님께로부터 온 줄 믿었으므로 아버지께서 친히 너희를 사랑하심이라."요 16:27

하나님이 이같이 우리를 사랑하셨은 즉 우리도 서로 사랑하는 것이 마땅합니다. 만일 우리가 서로 사랑하면 하나님이 우리 안에 거하시고 그의 사랑이 우리 안에 온전히 이루어집니다. 그의 성령을 우리에게 주시므로 우리가 그 안에 거하고 그가 우리 안에 거하시는 줄을 압니다. 요일 4:12-13

하나님은 사랑이십니다. 사랑 안에 거하는 자는 하나님 안에 거하고 하나님도 그의 안에 거하십니다. 이로써 사랑이 우리에게 온전하게 이루어졌습니다. 이것은 우리로 심판 날에 담대함을 가지게 하려 함입니다. 주께서 그러하심과 같이 우리도 이 세상에서 그러합니다. 요일 4:16-17 예수님이 세상에서 승리하신 것처럼 우리도 승리할 것입니다.

사랑 안에는 두려움이 없습니다. 온전한 사랑이 두려움을 쫓

아닙니다. 두려움에는 형벌이 있습니다. 두려워하는 자는 사랑을 온전히 이루지 못한 것입니다.요일 4:18 바울도 비슷한 말을 했습니다. 하나님이 우리에게 주신 것은 두려워하는 마음이 아니요 오직 능력과 사랑과 절제하는 마음입니다.딤후 1:7

하나님의 사랑은 '먼저 사랑'입니다. 우리가 하나님을 사랑하는 것은 하나님께서 먼저 우리를 사랑하셨기 때문입니다.요일 4:19 하나님은 우리가 아직 죄인 되었을 때 우리를 사랑하셨습니다. "우리가 아직 죄인 되었을 때에 그리스도께서 우리를 위하여 죽으심으로 하나님께서 우리에 대한 자기의 사랑을 확증하셨느니라."롬 5:8

우리는 때로 잘못을 빌고 돌아오면 그때 사랑해 주겠다고 하면서 사랑을 유보할 때가 있습니다. 우리는 하나님께로부터 '먼저 사랑'을 배울 필요가 있습니다. 아직 죄인 된 우리를 먼저 사랑해 주신 먼저 사랑을 우리도 해야 합니다. 우리에게 죄 지은 자들을 향한 먼저 사랑이 필요합니다.

사랑은 사람을 살립니다. 미움은 사람을 죽입니다. 사도 요한은 "그 형제를 미워하는 자마다 살인하는 자니 살인하는 자마다 영생이 그 속에 거하지 아니하는 것을 너희가 아는 바라"요일3:15고 하면서 "하나님의 사랑이 우리에게 이렇게 나타난 바 되었으니 하나님이 자기의 독생자를 세상에 보내심은 그로 말미암아 우리를 살리려 하심이라"요일 4:9고 했습니다. 미움은 자살입니다. 타살입니다. 사랑은 자신을 살리고 다른 사람을 살립니다.

누구든지 하나님을 사랑한다고 하면서 그 형제를 미워하면 이는 거짓말하는 자입니다. 왜냐하면 눈에 보이는 형제를 사랑하지 못하는 사람은 눈에 보이지 않는 하나님을 사랑할 수 없기 때문입니다.요일 4:20 사도 요한은 "우리가 이 계명을 주께 받았나니 하나님을 사랑하는 자는 또한 그 형제를 사랑할지니라"요일 4:21고 권면합니다.

예수께서 그리스도이심을 믿는 자마다 하나님께로부터 난 자입니다. 낳으신 이를 사랑하는 자마다 그에게서 난 자를 사랑합니다. 우리가 하나님을 사랑하고 그의 계명들을 지킬 때에 이로써 우리가 하나님의 자녀를 사랑하는 줄을 압니다.요일 5:1-2

형제 사랑은 구원받은 증거입니다. 우리가 구원받은 사람이라는 것을 확인하는 몇 가지 방법이 있습니다. 요한일서는 그 중에 하나를 우리에게 가르쳐 줍니다. "우리는 형제를 사랑함으로 사망에서 옮겨 생명으로 들어간 줄을 알거니와 사랑하지 아니하는 자는 사망에 머물러 있느니라."요일 3:14 우리가 구원받은 사람이라는 확실한 증거 중에 하나는 형제를 사랑하는 것입니다. 우리 함께 고백합시다. "내게는 구원받은 확실한 증거가 있습니다. 그것은 내가 당신을 사랑하는 바로 이것입니다."

사랑하면 계명을 지킵니다. 사도 요한은 하나님을 사랑하는 것이 무엇인지를 분명하게 가르쳐 줍니다. "하나님을 사랑하는 것은 이것이니 우리가 그의 계명들을 지키는 것이라 그의 계명들은 무거운 것이 아니로다."요일 5:3 우리가 하나님을 사랑하는 것을 우리는 하나님의 계명을 지키는 것으로 증명할 수 있습니다.

하나님이 우리를 사랑하시는 것을 세상도 압니다. 하나님께서 예수님을 사랑하신 것처럼 우리도 사랑하셨습니다. 예수님은 이것을 세상이 알기를 원하셨습니다. 예수님은 "곧 내가 그들 안에 있고 아버지께서 내 안에 계시어 그들로 온전함을 이루어 하나가 되게 하려 함은 아버지께서 나를 보내신 것과 또 나를 사랑하심 같이 그들도 사랑하신 것을 세상으로 알게 하려 함이로소이다"요 17:23라고 기도하셨습니다. 세상이 우리를 미워하는 이유 중에 하나는 하나님이 우리를 사랑하시기 때문입니다.

사랑은 성령의 열매이자 은사입니다. 사랑은 성령의 열매 중에 첫 번째 열매입니다.

"²²오직 성령의 열매는 사랑과 희락과 화평과 오래 참음과 자비와 양선과 충성과 ²³온유와 절제니 이같은 것을 금지할 법이 없느니라."갈 5:22-23

또한 사랑은 성령의 은사 중에 하나이기도 합니다. 고린도전서 12장은 은사 장章이라고 불립니다. 마지막 절이 "너희는 더욱 큰 은사를 사모하라 내가 또한 가장 좋은 길을 너희에게 보이리라"입니다. 그리고 13장, 사랑 장章이 이어집니다. 사랑은 곧 바울이 12장에서 더욱 큰 은사를 사모하라고 한 바로 그 은사입니다. 그리스도인에게는 성령의 은사이자 열매인 사랑이 풍성해야 합니다.

사랑은 영원합니다. 성경은 "사랑은 언제까지나 떨어지지 아니하되 예언도 폐하고 방언도 그치고 지식도 폐하리라"고전 13:8라고 예언하고 있습니다.

사랑이 제일입니다. 바울은 사랑 장을 마무리 하면서 "그런즉 믿음, 소망, 사랑, 이 세 가지는 항상 있을 것인데 그 중의 제일은 사랑이라"고전 13:13라고 했습니다.

구원의 근거는 사랑입니다. 에베소서 1장은 구원에 대한 장엄한 선포로 시작됩니다. 그 중심에 사랑이 있습니다. 사랑 안에서 하나님은 우리의 구원을 설계하셨습니다.

"³찬송하리로다 하나님 곧 우리 주 예수 그리스도의 아버지께서 그리스도 안에서 하늘에 속한 모든 신령한 복을 우리에게 주시되 ⁴곧 창세 전에 그리스도 안에서 우리를 택하사 우리로 사랑 안에서 그 앞에 거룩하고 흠이 없게 하시려고 ⁵그 기쁘신 뜻대로 우리를 예정하사 예수 그리스도로 말미암아 자기의 아들들이 되게 하셨으니 ⁶이는 그가 사랑하

시는 자 안에서 우리에게 거저 주시는 바 그의 은혜의 영광을 찬송하게 하려는 것이라."엡 1:3-6

하나님의 선택은 사랑입니다. 하나님이 우리를 선택해 주셨습니다. 그래서 우리는 구원을 받았습니다. 선택은 사랑입니다. "내가 야곱은 사랑하고 에서는 미워하였다"롬 9:13는 말씀은 내가 야곱은 택하고 에서는 택하지 않았다는 의미입니다. 하나님의 선택을 받았다는 것은 곧 하나님의 사랑을 받았다는 확실한 증거입니다.

구원은 큰 사랑입니다. 하나님이 우리를 사랑하신 그 큰 사랑을 인하여 우리는 구원받았습니다. 바울은 에베소서 2장에서 이것을 자세히 설명해 주었습니다.

"1그는 허물과 죄로 죽었던 너희를 살리셨도다 2그 때에 너희는 그 가운데서 행하여 이 세상 풍조를 따르고 공중의 권세 잡은 자를 따랐으니 곧 지금 불순종의 아들들 가운데서 역사하는 영이라 3전에는 우리도 다 그 가운데서 우리 육체의 욕심을 따라 지내며 육체와 마음의 원하는 것을 하여 다른 이들과 같이 본질상 진노의 자녀이었더니 4긍휼이 풍성하신 하나님이 우리를 사랑하신 그 큰 사랑을 인하여 5허물로 죽은 우리를 그리스도와 함께 살리셨고 (너희는 은혜로 구원을 받은 것이라) 6또 함께 일으키사 그리스도 예수 안에서 함께 하늘에 앉히시니 7이는 그리스도 예수 안에서 우리에게 자비하심으로써 그 은혜의 지극히 풍성함을 오는 여러 세대에 나타내려 하심이라 8너희는 그 은혜에 의하여 믿음으로 말미암아 구원을 받았으니 이것은 너희에게서 난 것이 아니요 하나님의 선물이라."엡 2:1-8

구원을 받았으면 큰 사랑을 받은 것입니다.

사랑은 믿음과 동의어입니다. 국어사전에는 믿음과 사랑이 동의어로 표기되어 있지 않습니다. 그러나 성경 안에서는 동의어입니다. 베드로는 "예수를 너희가 보지 못하였으나 사랑하는도다"벧전 1:8라고 말한 후에 바로 이어 "8이제도 보지 못하나 믿고 말할 수 없는 영광스러운 즐거움으로 기뻐하니 9믿음의 결국 곧 영혼의 구원을 받음이라"벧전 1:8-9고 했습니다. 하나님이 약속하신 나라는 믿음으로 상속받는 것입니다. 그런데 성경은 예수님을 사랑하는 자들이 약속하신 나라를 상속받는다고 기록하고 있습니다.

"내 사랑하는 형제들아 들을지어다 하나님이 세상에서 가난한 자를 택하사 믿음에 부요하게 하시고 또 자기를 사랑하는 자들에게 약속하신 나라를 상속으로 받게 하지 아니하셨느냐."^{약 2:5}

이것은 예수님을 믿는 자는 예수님을 사랑한다는 것을 전제로 한 말입니다. 예수님은 예수를 믿지 않은 자들을 향해 "다만 하나님을 사랑하는 것이 너희 속에 없음을 알았노라" _{요 5:42}고 말씀하셨습니다. 예수를 믿는 사람은 하나님을 사랑하고, 예수를 믿지 않는 사람은 하나님을 사랑하지 않습니다. 사랑하는 것과 믿는 것은 같은 것입니다.

그리스도의 사랑은 끊을 수 없습니다. 세상에 그 어떤 것도 우리를 그리스도의 사랑으로부터 끊을 수 없습니다. 환난, 곤고, 박해, 기근, 적신, 위험, 칼 그 어떤 것으로도 끊을 수 없습니다. 사망, 생명, 천사들, 권세자들, 현재 일, 장래 일, 능력, 높음, 깊음, 다른 어떤 피조물도 우리를 그리스도 안에 있는 하나님의 사랑에서 끊을 수 없습니다. 이것은 제 말이 아닙니다. 하나님이 로마서를 통해 우리에게 확증해 주신 말씀입니다.

"35누가 우리를 그리스도의 사랑에서 끊으리요 환난이나 곤고나 박해나 기근이나 적신이나 위험이나 칼이랴 36기록된 바 우리가 종일 주를 위하여 죽임을 당하게 되며 도살 당할 양 같이 여김을 받았나이다 함과 같으니라 37그러나 이 모든 일에 우리를 사랑하시는 이로 말미암아 우리가 넉넉히 이기느니라 38내가 확신하노니 사망이나 생명이나 천사들이나 권세자들이나 현재 일이나 장래 일이나 능력이나 39높음이나 깊음이나 다른 어떤 피조물이라도 우리를 우리 주 그리스도 예수 안에 있는 하나님의 사랑에서 끊을 수 없으리라."롬 8:35-39

2
새 계명, 사랑

새 계명은 서로 사랑하는 것입니다. 예수님이 제자들에게 새 계명을 주셨습니다. 그것은 '서로 사랑하라' 입니다. "새 계명을 너희에게 주노니 서로 사랑하라 내가 너희를 사랑한 것 같이 너희도 서로 사랑하라." 요 13:34

사랑하라는 것이 전에 없던 새로운 것이라는 의미에서 새 계명은 아닙니다. 전에도 있었습니다. 예수님이 오시기 전에도, 구약성경에도 사랑하라는 계명은 있었습니다.

"원수를 갚지 말며 동포를 원망하지 말며 네 이웃 사랑하기를 네 자신과 같이 사랑하라 나는 여호와이니라."

이것은 구약성경 레위기 19장 18절 말씀입니다. 사도 요한도 사랑하라는 계명을 쓰면서 내가 새 계명을 너희에게 쓰는 것이 아니라고 하면서 내가 너희에게 새 계명을 쓴다는 모순이 되는 듯한 말을 했습니다.

"7사랑하는 자들아 내가 새 계명을 너희에게 쓰는 것이 아니라 너희가 처음부터 가진 옛 계명이니 이 옛 계명은 너희가 들은 바 말씀이거니와 8다시 내가 너희에게 새 계명을 쓰노니 그에게와 너희에게도 참된 것이라 이는 어둠이 지나가고 참 빛이 벌써 비침이니라." 요일 2:7-8

서로 사랑하라는 말씀에 대해 당시 유대인들이 갖고 있던 생각과 전혀 다른 사랑을 예수님은 선포하셨습니다. 예수님이 산상수훈을 통해 구체적으로 선포하신 사랑이 여기에 해당됩니다. 속옷을 가지기 위해 고소하는 사람에게 겉옷까지 주라는 예수님의 사랑은 당시 사람들이 가지고 있던 사랑과는 전혀 다른 새로운 것이었습니다.

새 계명은 다릅니다. "네 이웃을 사랑하고 네 원수를 미워하라." 이것은 어쩌면 세상 많은 사람들이 갖고 있는 보편적인 생각이자 대인 관계의 기본 지침일 것입니다. 예수님의 제자들도 예외는 아니었을 것입니다. 예수님의 제자들도 이렇게 하는 것이 당연하다고 생각했고, 그래서 이렇게 해왔고, 이렇게만 해도 잘하는 것으로 생각하고 있었을 것입니다. 예수님은 이런 제자들을 향해 "네 이웃을 사랑하고 네 원수를 미워하라 하였다는 것을 너희가 들었으나"마 5:43라고 하면서 말문을 여셨습니다. 이것은 너희가 이렇게 배워 이렇게 알고 있는 것을 내가 안다는 의미입니다. 이런 제자들을 향해 예수님은 "나는 너희에게 이르노니 너희 원수를 사랑하며 너희를 박해하는 자를 위하여 기도하라"마 5:44고 명하셨습니다. 평행 구절을 보면 좀 더 자세히 나와 있습니다. 누가복음은 "오직 너희는 원수를 사랑하고 선대하며 아무 것도 바라지 말고 꾸어 주라 그리하면 너희 상이 클 것이요 또 지극히 높으신 이의 아들이 되리니 그는 은혜를 모르는 자와 악한 자에게도 인자하시니라"눅 6:35고 기록하고 있습니다.

예수님이 가르쳐 주신 사랑은 사람들이 생각하는 그 이상입니다. 예수님의 가르침에 제자들은 놀라도 많이 놀랐을 것입니다. 아마 서로 눈을 휘둥그레 하면서 마주 보며 당황해 했을 것입니다. 예수님은 개의치 않고 계속 말씀을 이어 나갔습니다.

"⁴⁵이같이 한즉 하늘에 계신 너희 아버지의 아들이 되리니 이는 하나님이 그 해를 악인과 선인에게 비추시며 비를 의로운 자와 불의한 자에게 내려주심이라 ⁴⁶너희가 너희를 사랑하는 자를 사랑하면 무슨 상이 있으리요 세리도 이같이 아니하느냐 ⁴⁷또 너희가 너희 형제에게만 문안하면 남보다 더하는 것이 무엇이냐 이방인들도 이같이 아니하느냐 ⁴⁸그러므로 하늘에 계신 너희 아버지의 온전하심과 같이 너희도 온전하라."

마 5:45-48

제자들은 예수님이 이 말씀을 하시기 전에 하신 말씀으로도 충분히 놀랐습니다. 예수님은 이 말씀을 하시기 전에 제자들을 향해 "눈은 눈으로, 이는 이로 갚으라 하였다는 것을 너희가 들었으나"마 5:38로 시작하는 말로 충격을 주셨습니다.

"³⁹나는 너희에게 이르노니 악한 자를 대적하지 말라 누구든지 네 오른편 뺨을 치거든 왼편도 돌려 대며 ⁴⁰또 너를 고발하여 속옷을 가지고자 하는 자에게 겉옷까지도 가지게 하며 ⁴¹또 누구든지 너로 억지로 오 리를 가게 하거든 그 사람과 십 리를 동행하고 ⁴²네게 구하는 자에게 주며 네게 꾸고자 하는 자에게 거절하지 말라." 마 5:39-42

이 말씀 역시 광의적으로 해석하면 사랑의 구체적인 지침입니다. 예수님께서 그리스도인의 사랑의 깊이와 너비를 가르쳐 주신 것입니다. 사랑은 악한 자를 대적하지 않습니다. 사랑은 오른편 뺨을 치면 왼편도 돌려댑니다. 사랑은 속옷을 가지고자 고발하는 사람에게 겉옷까지도 가지게 합니다. 사랑은 억지로 오 리를 가게 하는 자와 십 리를 동행합니다. 사랑은 구하는 자에게 주는 것입니다. 사랑은 꾸고자 하는 자에게 거절하지 않는 것입니다.

사랑은 마음을 주고 마음을 얻는 것입니다. 사랑은 다양한 말로 정의할 수 있습니다. 그중에 하나는 마음을 주고 마음을 얻는 것이라는 것입니다. 내가 어떤 사람을 사랑한다는 것은 나의 마음을 그에게 주고 그의 마음을 얻는 것입니다.

성경 표현으로 하면 사랑은 너희가 내 안에, 내가 너희 안에 있는 것입니다. "내가 그에게로 들어가 그로 더불어 먹고 그는 나로 더불어 먹으리라."계 3:20 예수님이 내 안에 내가 예수님 안에 있는 이것이 예수님이 나를 사랑하고 내가 예수님을 사랑하는 것입니다.

예수님이 이 세상에 오셔서 3년간 제자들과 함께 사셨습니다. 이 기간을 우리는 다양한 관점에서 볼 수 있습니다. 제자

훈련이란 관점에서 볼 수도 있습니다. 이 3년을 예수님이 당신의 마음을 제자들에게 주고, 제자들의 마음을 얻은 시간으로 볼 수도 있습니다. 예수님은 이 3년을 통해 결국 당신의 마음을 제자들에게 주었고 제자들의 마음을 얻었습니다. 이렇게 되자 놀라운 일이 일어났습니다. 이 3년을 거친 후에 제자들은 주님을 위해 일했습니다. 살아도 주를 위하여 죽어도 주를 위하여. 그들은 죽음도 불사하고 예수님을 위해 일했습니다. 그가 내 안에, 내가 그 안에 있을 때 가능한 일입니다. 사랑의 힘입니다.

사랑이 먼저입니다. 결혼을 하고 가장 먼저 할 일은 남편과 아내가 서로 사랑하는 것입니다. 남편의 마음을 아내에게 주고 아내의 마음을 얻는 것입니다. 시댁 식구들에게 마음을 주고 시댁 식구들의 마음을 얻는 것입니다. 어디에 부임을 했다면 가장 먼저 할 일은 사랑하는 것입니다. 마음을 직원들에게 주고 직원들의 마음을 얻어야 합니다. 취임을 했다면 역시 가장 먼저 해야 할 일은 마음을 주고 마음을 얻는 일입니다. 사랑하는 것이 먼저입니다. 일은 그 다음입니다. 이 순서를 바꾸면 일이 꼬입니다. 일이 힘듭니다. 사람들의 마음을 얻기 전에 일을 먼저 벌이는 것은 지혜가 아닙니다. 사람의 마음을 얻으면 일이 됩니다. 그러나 사람의 마음을 얻지 못하면 일이 어려워집니다.

상대의 마음을 얻길 원하면 먼저 그에게 마음을 줘야합니다. 나를 주는 것이 그를 얻는 길입니다. 예수님이 제자들에게 하셨던 것처럼 말입니다. 예수님은 당신의 생명도 아끼지 않고 제자들에게 주셨습니다. 당신을 주심으로 제자들의 마음을 얻었습니다. 마음을 주고 마음을 얻는 데는 시간이 필요합니다. 예수님의 경우도 3년 걸렸습니다. 서둘러서는 안 됩니다. 아무리 급해도 일보다 사랑이 먼저입니다. 새로 부임한 경우 이것저것을 바꾸는 일보다 먼저 할 일은 그 공동체에 속한 사람들에게 마음을 주고 그들의 마음을 얻는 것입니다. 마음을 주고 마음을 얻으면 나는 그를 위해 일하고 그는 나를 위해 일합니다. 마치 주님이 우리를 위해 일하시고 우리가 주님을 위해 일하는 것과 같습니다.

사랑은 믿음으로 합니다. 예수님에게 직접 사랑에 대한 말씀을 들은 제자들도 한숨이 나왔을 것입니다. 이렇게 하고서 어떻게 사회 생활이 가능할까 걱정이 많았을 것입니다. 당시 제자들만 그런 것은 아닙니다. 오늘을 사는 우리에게도 이것은 결코 쉬운 일이 아닙니다. 믿음이 없이는 할 수 없는 일입니다. 이것은 오직 믿음으로만 가능합니다. 여기서 이렇게 하라고 하신 분이 예수님이심을 믿으면 이것이 가능해집니다.

"주라 그리하면 너희에게 줄 것이니 곧 후히 되어 누르고 흔들어 넘치도록 하여 너희에게 안겨 주리라."눅 6:38 이 말씀 역시 예수님이 하신 말씀입니다. '속옷을 가지고자 고발하는 사람에게 겉옷까지 가지게 하라'는 '주라'에 해당합니다. '그리하면 너희에게 줄 것이니 곧 후히 되어 누르고 흔들어 넘치도록 하여 너희에게 안겨 주리라'는 생략되어 있습니다. 생략된 것을 복원하면 이렇게 됩니다.

"속옷을 가지고자 고발을 하는 사람에게 겉옷까지 주라. 그리하면 내가 너희에게 겉옷과 속옷을 새것으로 주리라."

이것을 믿는 사람은 주고, 못 믿는 사람은 못 줍니다. 이런 면에서 사랑의 실천은 믿음의 결과이기도 합니다.

사랑은 동사動詞**입니다.** 어느 해 대한적십자사가 이것을 광고 카피로 사용한 적이 있습니다. 사랑 자체의 품사는 명사名詞입니다. '~하다'가 붙으면 동사입니다. 명사인 사랑을 동사라고 한 것은 사랑 안에 행동, 움직임을 포함하고 있는 것을 강조하기 위한 것입니다. 사랑 안에는 행위, 행함이 포함되어 있습니다. 이것을 사도 요한의 버전으로 하면 이렇습니다.

"17누가 이 세상의 재물을 가지고 형제의 궁핍함을 보고도 도와 줄 마음을 닫으면 하나님의 사랑이 어찌 그 속에 거하겠느냐 18자녀들아 우리가 말과 혀로만 사랑하지 말고 행함과 진실함으로 하자." 요일 3:17-18

사랑이 제물보다 낫습니다. 순종이 제사보다 나은 것처럼 사랑이 전체로 드리는 모든 번제물과 기타 제물보다 낫습니다. 서기관 중 한 사람이 그들이 변론하는 것을 듣고 예수께서 잘 대답하신 줄을 알고 나아와 물었습니다.

"모든 계명 중에 첫째가 무엇이니이까?"

예수님께서 지체하지 않고 대답하셨습니다.

"29첫째는 이것이니 이스라엘아 들으라 주 곧 우리 하나님은 유일한 주시라 30네 마음을 다하고 목숨을 다하고 뜻을 다하고 힘을 다하여 주 너의 하나님을 사랑하라 하신 것이요 31둘째는 이것이니 네 이웃을 네 자신과 같이 사랑하라 하신 것이라 이보다 더 큰 계명이 없느니라." 막 12:29-31

예수님의 대답을 들은 서기관이 이렇게 대답했습니다.

"³²선생님이여 옳소이다 하나님은 한 분이시요 그 외에 다른 이가 없다 하신 말씀이 참이니이다 ³³또 마음을 다하고 지혜를 다하고 힘을 다하여 하나님을 사랑하는 것과 또 이웃을 자기 자신과 같이 사랑하는 것이 전체로 드리는 모든 번제물과 기타 제물보다 나으니이다."막 12:32-33

예수님은 이 서기관의 대답을 지혜 있는 대답이라고 하시며 "네가 하나님의 나라에서 멀지 않도다"라고 말씀하셨습니다. 예수님의 이 평가는 사랑이 모든 번제물과 기타 제물보다 낫다는 서기관의 말을 우리가 비중 있게 마음에 담을 수 있는 근거입니다.

사랑은 오래 참고 모든 것을 참습니다. 하나님은 사랑이 무엇인지를 아주 섬세하게 가르쳐 주셨습니다.

"⁴사랑은 오래 참고 사랑은 온유하며 시기하지 아니하며 사랑은 자랑하지 아니하며 교만하지 아니하며 ⁵무례히 행하지 아니하며 자기의 유익을 구하지 아니하며 성내지 아니하며 악한 것을 생각하지 아니하며 ⁶불의를 기뻐하지 아니하며 진리와 함께 기뻐하고 ⁷모든 것을 참으며 모든 것을 믿으며 모든 것을 바라며 모든 것을 견디느니라."고전 13:4-7

사랑은 오래 참고 모든 것을 참는 것입니다. 내가 참고 살았다. 이 말은 사랑하며 살았다는 말입니다.

사랑은 용납하는 것입니다. 바울은 에베소 교회를 향해 "모든 겸손과 온유로 하고 오래 참음으로 사랑 가운데서 서로 용납하고 평안의 매는 줄로 성령이 하나 되게 하신 것을 힘써 지키라"엡 4:2-3고 했습니다.

하나되기 위해서는 서로 용납해야 합니다. 상대의 부족함과 연약함을 있는 그대로 용납해야 합니다. 이해하고 받아줘야 합니다.

사랑에는 거짓이 없습니다. 바울은 "사랑에는 거짓이 없나니 악을 미워하고 선에 속하라"롬 12:9고 했습니다. 사랑에 거짓이 섞이는 순간, 그것은 사랑이 아닙니다. 사랑의 진실함은 삶을 통해 증명되어야 합니다. 우리는 바울이 고린도 교회를 향해서 한 말 중에 "다른 이들의 간절함을 가지고 너희의 사랑의 진실함을 증명하고자 함이로라"고후 8:8는 말씀을 유념할 필요가 있습니다.

사랑은 주는 것입니다. 사랑하면 줍니다. 하나님은 아들 예수를 사랑하셔서 만물을 다 그의 손에 주셨습니다.요 3:35 하나님은 우리를 사랑하셔서 아들 예수를 주셨습니다. 하나님이 세상을 이처럼 사랑하사 독생자를 주셨습니다.요 3:16 예수님은 우리를 사랑하셔서 그의 살과 피를 주셨습니다.

바울은 남편들에게 아내를 사랑하라고 하면서 그 사랑의 예로 그리스도께서 교회를 사랑하신 것을 말씀하셨습니다.엡 5:25 그리스도께서는 교회를 사랑하시고 그 교회를 위하여 자신을 주셨습니다. 남편들에게 이와 같이 아내를 사랑하라고 하셨습니다. 아내를 위하여 줘야 합니다. 시간은 물론이고 목숨까지도 줘야 합니다.

하나님은 우리를 사랑하십니다. 하나님은 우리를 위해 이미 주셨고 지금도 주고 계시고 앞으로도 주실 것입니다. 바울은 "자기 아들을 아끼지 아니하시고 우리 모든 사람을 위하여 내주신 이가 어찌 그 아들과 함께 모든 것을 우리에게 주시지 아니하겠느냐"롬 8:32고 반문하고 있습니다.

책망은 사랑입니다. 사랑은 때로 따끔할 때도 있습니다. 잘못한 자식을 회초리로 징계하지 않는 것은 자식을 미워하는 것이라고 성경은 가르쳐 줍니다. 자녀가 잘못했을 때 회초리를 들어 징계하는 것이 사랑입니다. 하지만 자녀들 가운데 이 회초리를 사랑으로 느끼지 못하는 자녀들이 있습니다.

부모가 자식이 잘못했을 때 징계함같이 하나님도 우리를 징계하십니다. 사랑하기 때문입니다. 하나님은 사랑하시는 자를 책망하며 징계하십니다. 미움으로 오해하기 쉽지만 징계는 사랑입니다. 성경은 "무릇 내가 사랑하는 자를 책망하여 징계하노니 그러므로 네가 열심을 내라 회개하라"계 3:19고 합니다. 또한 "주께서 그 사랑하시는 자를 징계하시고 그가 받아들이시는 아들마다 채찍질하심이라"히 12:6고 하면서 징계를 달게 받으라고 권면하고 있습니다.

책망과 징계를 미움으로 생각하고 서운해 하는 일은 없어야 합니다.

3
사랑의 증표

사랑이 없으면 내가 아무것도 아닙니다. 사랑이 없으면 내게 아무 유익이 없습니다. 우리가 잘 아는 사랑 장(章)인 고린도전서 13장은 이렇게 시작됩니다.

"¹내가 사람의 방언과 천사의 말을 할지라도 사랑이 없으면 소리 나는 구리와 울리는 꽹과리가 되고 ²내가 예언하는 능력이 있어 모든 비밀과 모든 지식을 알고 또 산을 옮길 만한 모든 믿음이 있을지라도 사랑이 없으면 내가 아무 것도 아니요 ³내가 내게 있는 모든 것으로 구제하고 또 내 몸을 불사르게 내줄지라도 사랑이 없으면 내게 아무 유익이 없느니라." 고전 13:1-3

이 말씀은 우리에게는 충격입니다. 예언하는 능력이 있어 모든 비밀과 모든 지식을 안다는 것이 얼마나 위대한 일입니까. 거기다 산을 옮길 만한 모든 믿음이 있다면 이 얼마나 대단한 사람입니까. 그러나 이런 사람이라 할지라도 사랑이 없으면 아무것도 아니라고 성경은 덤덤하게 선언합니다. 자신에게 있는 모든 것으로 구제한 사람, 대단한 사람입니다. 자신의 몸을 불사르게 내어준 사람, 역시 대단한 사람입니다. 그런데 성경은 이런 사람이라 할지라도 사랑이 없으면 아무 유익이 없다고 말하고 있습니다.

사랑이 없이 하는 설교, 사랑이 없이 하는 목회, 사랑이 없이 하는 봉사, 사랑이 없이 하는 개혁, 사랑이 없이 하는 구제는 아무 것도 아니고, 아무 유익이 없다는 말씀입니다.

우리는 자주 멈추어 서서 점검을 해야 합니다. 내가 이 일을 사랑으로 하고 있는가. 불의한 것을 올바로 잡기 위해 앞장을 설 때도 사랑으로 하는 것인지 점검해야 합니다. 우리는 범사에 동기가 사랑이고, 방법이 사랑이고, 목표가 사랑이어야 합니다.

제자 됨의 증표는 사랑입니다. "너희가 서로 사랑하면 이로써 모든 사람이 너희가 내 제자인 줄 알리라." 요 13:35 이것은 예수님이 친히 말씀하신 것입니다.

사람들이 우리를 예수님의 제자로 알 때는 우리가 성경에 대해 많이 알 때가 아닙니다. 그리스도인의 영향력이 많아졌을 때도 아닙니다. 교회의 규모가 커졌을 때도 아닙니다. 우리가 사랑할 때입니다. 이런 의미에서 제자 훈련은 사랑 훈련입니다. 제자 훈련을 받는 것은 사랑하기 위해서입니다. 안타까운 것은 제자 훈련을 통해 그리스도와 성경에 대한 지식은 늘어났는데 사랑은 전혀 늘지 않은 경우입니다. 오히려 전에는 몰라서 그냥 지나갔던 일들을 이제는 알게 되어 그것을 비판하고 비난하고 정죄하는 경우가 있습니다. 싸우면서, 형제를 미워하면서, 교인들 간에 서로를 정죄하면서 자신이 그리스도의 참 제자라고 주장하는 것은 안타까운 일입니다. 형제를 미워하고 있다면 이것은 지금은 내가 그리스도의 제자가 아니라는 가장 확실한 증거입니다. 제자가 되어야 합니다. 우리는 사랑해야 합니다. 세상 모든 사람들이 우리가 그리스도의 제자임을 알도록 사랑해야 합니다.

형제를 사랑하는 자는 빛 가운데 있습니다. 형제를 미워하는 자는 어둠 가운데 있습니다. 사도 요한은 "그의 형제를 미워하는 자는 어둠에 있고 또 어둠에 행하며 갈 곳을 알지 못하나니 이는 그 어둠이 그의 눈을 멀게 하였음이라"요일 2:11고 말합니다.

어둠 가운데 사는 사람의 인생은 달도 없고 조명도 가로등도 없는 캄캄한 밤에 헤드라이트가 없는 차를 몰고 한계령을 넘는 것과 같습니다. 어둠 가운데 거하는 사람은 보이지 않기에 보지 못한 채로 결정을 해야 합니다. 빛 가운데 거하는 사람은 보고 결정합니다. 분별력의 차이가 클 수밖에 없습니다. 그래서 사랑하면 분별력이 높아지는 것입니다.

사랑하면 순종합니다. 사랑하면 그의 말을 지킵니다. 사랑하지 아니하면 그의 말을 듣지 않고 지키지 않습니다. 이것은 예수님이 요한복음 14장에서 가르쳐 주신 내용입니다. 예수님은 '나를 사랑하면 내 말을 지킬 것'이라고 말씀하셨습니다. 예수님은 한 걸음 더 나아가 '나의 계명을 지키는 자라야 나를 사랑하는 자'라고 말씀하시며 "나를 사랑하는 자는 내 아버지께 사랑을 받을 것이요 나도 그를 사랑하여 그에게 나를 나타내리라"요 14:21고 약속하셨습니다. 어떤 사람에게서 예수님의 모습이 나타난다면 그는 사랑하는 사람입니다.

예수님은 거듭 "사람이 나를 사랑하면 내 말을 지키리니 내 아버지께서 그를 사랑하실 것이요 우리가 그에게 가서 거처를 그와 함께 하리라"요 14:23고 말씀하셨습니다. "우리가 그에게 가서 거처를 그와 함께 하리라"를 주목해야 합니다. 예수님이 가서 거처로 삼고 싶은 사람이 바로 사랑하는 사람입니다. 예수님은 차분한 어조로 "나를 사랑하지 아니하는 자는 내 말을 지키지 아니하나니 너희가 듣는 말은 내 말이 아니요 나를 보내신 아버지의 말씀이니라"요 14:24고 말씀하셨습니다.

사랑하면 기쁨이 충만해집니다. 예수님은 우리에게 "아버지께서 나를 사랑하신 것 같이 나도 너희를 사랑하였으니 나의 사랑 안에 거하라"요 15:9고 말씀하십니다. 예수님은 예수님의 사랑 안에 거하는 구체적인 방법도 가르쳐 주셨습니다. 예수님은 "내가 아버지의 계명을 지켜 그의 사랑 안에 거하는 것 같이 너희도 내 계명을 지키면 내 사랑 안에 거하리라"요 15:10고 말씀하셨습니다.

　예수님은 제자들에게 이것을 가르쳐 주시는 이유도 설명해 주셨습니다. "내가 이것을 너희에게 이름은 내 기쁨이 너희 안에 있어 너희 기쁨을 충만하게 하려 함이라."요 15:11

계명을 지키는 것에 대해 계속 말씀하신 예수님은 계명의 내용도 일러주셨습니다. 예수님은 "내 계명은 곧 내가 너희를 사랑한 것 같이 너희도 서로 사랑하라 하는 이것이니라"요 15:12 고 일러주셨습니다.

예수님의 계명을 지키는 것은 예수님을 사랑하는 것입니다. 사랑하면, 예수님의 사랑 안에 거하면 기쁨이 충만해 집니다. 사랑하면, 이 땅에서 천국을 미리 경험하며 삽니다.

사랑하면 예수님의 친구가 됩니다. 예수님은 제자들을 향해 "13사람이 친구를 위하여 자기 목숨을 버리면 이보다 더 큰 사랑이 없나니 14너희는 내가 명하는 대로 행하면 곧 나의 친구라"요 15:13-14고 말씀하셨습니다.

예수님의 친구가 되면 아는 것이 많아집니다. 예수님이 친구 된 이들에게 하나님 아버지께 들은 것을 다 알게 하시기 때문입니다. 예수님은 예수님을 사랑하는 사람들을 향해 "이제부터는 너희를 종이라 하지 아니하리니 종은 주인이 하는 것을 알지 못함이라 너희를 친구라 하였노니 내가 내 아버지께 들은 것을 다 너희에게 알게 하였음이라"요 15:15고 말씀하셨습니다.

예수님은 아는 게 많으십니다. 아버지께서 아들을 사랑하사 자기가 행하시는 것을 다 아들에게 보이시고 또 그보다 더 큰 일을 보이셨기 때문입니다.요 5:20 예수님의 친구가 되면 열매를 맺습니다. 항상 맺습니다. 예수님은 "너희가 나를 택한 것이 아니요 내가 너희를 택하여 세웠나니 이는 너희로 가서 열매를 맺게 하고 또 너희 열매가 항상 있게 하여 내 이름으로 아버지께 무엇을 구하든지 다 받게 하려 함이라"요 15:16고 설명해 주셨습니다.

사랑할 때 비로소 의미가 있습니다. 예수님은 이렇게 사랑에 대해 설명을 해 주신 후에 "내가 이것을 너희에게 명함은 너희로 서로 사랑하게 하려 함이라"요 15:17고 말씀하셨습니다. 우리가 사랑에 대해 배우는 이유는, 우리가 성경을 배우는 이유는, 우리가 계명을 배우는 이유는 사랑하기 위함입니다. 사랑에 대한 지식은 우리가 사랑을 하기까지는 아무 의미가 없습니다. 아무것도 아닙니다. 사랑에 대한 지식은, 성경에 대한 지식은, 계명에 대한 지식은, 신학에 대한 지식은 사랑할 때 비로소 의미가 있어집니다.

예수님은 사랑하는 사람에게 일을 맡기셨습니다. 예수님은 자신을 사랑하는 사람에게 자신의 사람을 맡기셨습니다. 일을 맡기고, 사람을 맡기기 전에 예수님이 베드로에게 확인하신 것은 사랑입니다. 예수님을 사랑하는 사람이 예수님의 사람도 사랑할 수 있기 때문입니다. 예수님은 이것을 베드로에게 세 번이나 확인하셨습니다.

"15그들이 조반 먹은 후에 예수께서 시몬 베드로에게 이르시되 요한의 아들 시몬아 네가 이 사람들보다 나를 더 사랑하느냐 하시니 이르되 주님 그러하나이다 내가 주님을 사랑하는 줄 주님께서 아시나이다 이르시되 내 어린 양을 먹이라 하시고 16또 두 번째 이르시되 요한의 아들 시몬아 네가 나를 사랑하느냐 하시니 이르되 주님 그러하나이다 내가 주님을 사랑하는 줄 주님께서 아시나이다 이르시되 내 양을 치라 하시고 17세 번째 이르시되 요한의 아들 시몬아 네가 나를 사랑하느냐 하시니 주께서 세 번째 네가 나를 사랑하느냐 하시므로 베드로가 근심하여 이르되 주님 모든 것을 아시오매 내가 주님을 사랑하는 줄을 주님께서 아시나이다 예수께서 이르시되 내 양을 먹이라." 요 21:15-17

예수님의 일을 하고 싶으면, 예수님의 양을 치고 싶으면 사랑해야 합니다.

불법이 성하면 사랑이 식어집니다. 불법을 행하는 자들은 거짓 선지자들입니다. 예수님은 말세에는 "불법이 성하므로 많은 사람의 사랑이 식어지리라"마 24:12고 예언하셨습니다. 준법은 사랑의 온도를 유지시켜 주는 장작입니다.

사랑은 덕을 세웁니다. 바울은 고린도 교회에 보내는 편지에서 "¹우상의 제물에 대하여는 우리가 다 지식이 있는 줄을 아나 지식은 교만하게 하며 사랑은 덕을 세우나니 ²만일 누구든지 무엇을 아는 줄로 생각하면 아직도 마땅히 알 것을 알지 못하는 것이요 ³또 누구든지 하나님을 사랑하면 그 사람은 하나님도 알아 주시느니라"고전 8:1-3라고 했습니다. 이것은 바울이 고린도 교회 성도들을 향해 우상의 제물에 대해 설명하면서 한 말입니다. 덕을 세우는 사람은 하나님도 알아주십니다.

사랑은 받는 사람에게 위로가 됩니다. 위로는 기쁨으로 이어집니다. 바울은 빌레몬에게 편지를 쓰면서 그의 사랑으로 많은 위로를 얻었다고 했습니다. "형제여 성도들의 마음이 너로

말미암아 평안함을 얻었으니 내가 너의 사랑으로 많은 기쁨과 위로를 받았노라."몬 1:7

바울은 빌립보 교회에 편지를 써 보내면서 '사랑의 무슨 위로'라는 표현을 사용하고 있습니다. 사랑이 위로가 되는 것을 체험한 바울의 경험이 담긴 표현입니다. 바울은 빌립보 교회 성도들을 향해 "1그러므로 그리스도 안에 무슨 권면이나 사랑의 무슨 위로나 성령의 무슨 교제나 긍휼이나 자비가 있거든 2마음을 같이하여 같은 사랑을 가지고 뜻을 합하며 한마음을 품어 3아무 일에든지 다툼이나 허영으로 하지 말고 오직 겸손한 마음으로 각각 자기보다 남을 낫게 여기고 4각각 자기 일을 돌볼뿐더러 또한 각각 다른 사람들의 일을 돌보아 나의 기쁨을 충만하게 하라"빌 2:1-4고 부탁했습니다.

내 백성을 위로하라는 말은 내 백성을 사랑하라는 말이기도 합니다.

하나님을 사랑하는 자에게는 모든 것이 합력하여 선을 이룹니다. 바울이 로마 교회에 써 보낸 편지 가운데 우리가 잘 아는 "우리가 알거니와 하나님을 사랑하는 자 곧 그의 뜻대로 부르심을 입은 자들에게는 모든 것이 합력하여 선을 이루느니라"롬 8:28는 말씀이 있습니다.

모든 것이 합력하여 선을 이루기 원한다면 지금 우리가 할 일은 하나님을 사랑하는 것입니다. 힘써 여호와를 사랑하는 것입니다.

사랑은 다다익선입니다. 풍성한 사랑만큼 풍성한 천국을 누립니다. 믿음, 말, 지식, 사모함, 사랑 그리고 은혜. 이것들은 다 다익선입니다. 풍성하면 풍성할수록 좋습니다. 우리는 날마다 사랑의 풍성함을 구하고 선포해야 합니다. 이 사실을 안 바울은 고린도 교회 성도들을 향해 "오직 너희는 믿음과 말과 지식과 모든 간절함과 우리를 사랑하는 이 모든 일에 풍성한 것 같이 이 은혜에도 풍성하게 할지니라"고후 8:7라고 축복했습니다.

사랑의 풍성함은 감사해야 할 일입니다. 사도 바울은 데살로니가 교회를 위하여 항상 하나님께 감사했습니다. 그 이유 중에 하나가 데살로니가 교회 성도들의 사랑의 풍성함입니다.살후 1:3 그들은 다 각기 서로 사랑함이 풍성했습니다.

사랑에는 수고가 따릅니다. 성경에서 사랑을 묘사할 때 사랑과 함께 등장하는 단어들이 있습니다. 그중에 하나가 수고입니다. 사도 바울은 데살로니가 교회 성도들을 위하여 기도할 때마다 믿음의 역사와 소망의 인내와 함께 사랑의 수고를 끊임없이 기억했습니다.살전 1:3 우리를 알고 있는 사람의 기도 중에 우리의 사랑의 수고가 기억나도록 우리도 사랑해야 합니다. 사랑은 몸으로 하는 것입니다.

사랑은 대인 관계의 기본입니다. 하나님께서 베드로를 통해 "뭇 사람을 공경하며 형제를 사랑하며 하나님을 두려워하며 왕을 존대하라"벧전 2:17고 가르쳐 주셨습니다.

성경의 함축은 최고입니다. 어쩌면 이렇게 짧은 한마디 속에 그 많은 것들을 다 명료하게 담을 수 있을까요. 이 짧은 구절 속에 사람과의 관계, 하나님과의 관계의 기본이 들어 있습니다. 성경에서 형제는 항상 사랑의 대상으로 등장합니다. 베드로는 흩어진 여러 형제들에게 편지하면서 "8마지막으로 말하노니 너희가 다 마음을 같이하여 동정하며 형제를 사랑하며 불쌍히 여기며 겸손하며 9악을 악으로, 욕을 욕으로 갚지 말고 도리어 복을 빌라 이를 위하여 너희가 부르심을 받았으니 이는 복을 이어받게 하려 하심이라"벧전 3:8-9고 권면했습니다. 비단 이것은 베드로만의 권면은 아닙니다. 성경에는 형제 사랑에 대한 권면이 가득합니다.

사랑은 허다한 죄를 덮습니다. 베드로는 무엇보다도 뜨겁게 서로 사랑하라고 하면서 사랑의 큰 능력 하나를 소개해 주고 있습니다. "사랑은 허다한 죄를 덮느니라."벧전 4:8

사랑하면 허물을 덮고 미워하면 허물을 드러냅니다. 만약 내가 지금 누군가의 허물을 파헤치고 드러내고 있다면 그를 미워하는 것입니다. 그를 사랑해서 하는 일이라고 우길 수 있는 일이 아닙니다.

자기 자신은 사랑으로 지킵니다. 유다가 우리에게 가르쳐 주는 자기 자신을 지키는 방법이 있습니다. 유다는 "하나님의 사랑 안에서 자신을 지키며 영생에 이르도록 우리 주 예수 그리스도의 긍휼을 기다리라"유 1:21고 합니다.

자신을 지키는 최고의 방법은 하나님의 사랑 안에 거하는 것입니다. 사랑하는 것입니다.

4
받은 사랑, 주는 사랑

사랑은 받아서 하는 것입니다. 우리 안에는 기본적으로 장착된 사랑이 없습니다. 그렇다고 우리 안에서 사랑이 만들어지는 것도 아닙니다. 사랑은 오직 받는 것입니다. 그래서 사랑을 받은 사람이 사랑할 수 있습니다. 받은 사랑이 없으면 줄 사랑도 없습니다. 혹이라도 사람에게 받은 사랑이 없다고 서둘러 절망할 필요는 없습니다. 사람에게 받은 사랑이 없다 해도 하나님의 사랑을 받으면 사람에게 풍성한 사랑을 받은 사람 이상으로 우리는 풍성한 사랑을 할 수 있습니다. 성경은 "우리에게 주신 성령으로 말미암아 하나님의 사랑이 우리 마음에 부은 바 됨이니"롬 5:5라고 가르쳐 주고 있습니다.

이 말씀은 우리에게 큰 위로와 격려가 됩니다. 우리를 위한 예수 그리스도의 죽으심은 우리 마음에 부어 주신 하나님의 큰 사랑입니다. 이 사랑을 받은 우리는 이 사랑을 우리의 형제들에게 흘려보내야 합니다. 사도 요한은 "그가 우리를 위하여 목숨을 버리셨으니 우리가 이로써 사랑을 알고 우리도 형제들을 위하여 목숨을 버리는 것이 마땅하니라"요일 3:16고 설명하면서 받은 사랑을 흘려보내는 것이 마땅하다고 했습니다.

예수님은 사랑스러워 가셨습니다. 성경에 기록된 예수님의 생애는 탄생에서 바로 공생애로 건너뛰는 것같이 느껴집니다. 그 빈 공간을 묘사하는 것 같은 말씀이 하나 있습니다. "예수는 지혜와 키가 자라가며 하나님과 사람에게 더욱 사랑스러워 가시더라."눅 2:52 이 말씀은 아마 많은 그리스도인이 사모하는 말씀이 아닐까 싶습니다. 이 말씀을 보면 잠언에 있는 하나님과 사람 앞에 은총과 귀중히 여김을 받으리라는 말씀이 생각납니다. 예수님은 하나님과 사람에게 사랑을 받으셨습니다. 그래서 더욱 사랑스러워 가셨습니다. 사람들에게 사랑받는 사람이 되는 것의 중요성은 그 중요성에 비해 많이 평가절하되어 있는 것 같습니다.

사랑은 받는 자의 것입니다. 사랑은 위대합니다. 위대한 사랑은 우리를 위대하게 합니다. 사랑은 따뜻합니다. 사랑을 받으면 따뜻한 사람이 됩니다. 사람들이 우리에게서 온기를 느낍니다. 사랑은 부드럽습니다. 사랑을 받으면 부드러운 사람이 됩니다. 부드러운 혀가 뼈를 꺾습니다. 부드러움의 다른 말은 온화함입니다.

사랑은 받아야 합니다. 그러나 사랑은 준다고 누구나 다 받는 것은 아닙니다. 사랑은 누구에게나 다 사랑으로 전달되는 것이 아닙니다. 사랑은 사랑을 사랑으로 느끼는 사람만 받을 수 있습니다. 아무리 크고 위대한 사랑이라 할지라도 그것을 사랑으로 느끼지 못하는 사람은 그 사랑을 받을 수 없습니다.

예수님이 무덤가에 살고 있는 사람을 찾아가신 적이 있습니다. 그는 제정신이 아니었습니다. 예수님은 그를 불쌍히 여기시고 그를 고쳐주기 위해 그에게 가셨습니다. 이것은 사랑입니다. 하지만 그는 예수님이 자신을 괴롭게 하러 온 것으로 생각했습니다. 그는 사랑을 사랑으로 느끼지 못했습니다. 예수님의 사랑을 자신을 괴롭히는 것으로 받아들였습니다.

자녀들 중에 부모의 사랑을 자신을 괴롭히는 것으로 받아들이는 경우도 있습니다. 직장 상사의 사랑을 자기 일을 간섭

하고 자신을 괴롭히는 것으로 받아들일 수도 있습니다. 선생님의 사랑이 이렇게 오해되기도 합니다.

때로는 사랑이 미움으로 느껴지는 경우도 있습니다. 이렇게 되면 상대는 나를 사랑했지만 나는 상대에게 미움을 받은 것이 됩니다. 중요한 것은 사랑도 미움으로 받으면 미움받은 사람에게서 나타나는 안타까운 증상들이 그대로 나타난다는 것입니다.

사랑받지 못한 그리스도인은 없습니다. 하나님이 자기는 사랑하지 않는다고 말하는 그리스도인들이 있습니다. 안타까운 경우입니다. 하나님은 성경에 "내가 너를 사랑한다"라고 가득하게 써 주셨습니다. 우리가 너무나 잘 아는 요한복음 3장 16절을 통해서 "하나님이 세상을 이처럼 사랑하사"라고 적어 주셨습니다. '이처럼'은 독생자를 주시기까지 우리를 사랑하는 것을 가리킵니다. 자기 아들을 죽음에 내어 주기까지 하신 사랑이 '이처럼' 사랑입니다. 하나님은 이처럼 우리를 사랑하십니다. 그런데도 하나님의 사랑이 느껴지지 않는다면 그것은 우리의 문제입니다. 하나님은 사랑을 하셨는데 우리가 그 사랑을 받지 않은 것입니다.

사람을 향해서도 사랑받지 못했다는 생각이 든다면, 그 사람이 나를 사랑하지 않은 것인지, 아니면 내가 그 사랑을 사랑으로 느끼지 못하고, 받지 못한 것 아닌지 생각해 볼 필요가 있습니다.

성령은 사랑을 사랑으로 받게 합니다. 사랑을 당시에 사랑으로 느끼는 사람이 있습니다. 능력자입니다. 사랑을 당시에는 사랑으로 느끼지 못하다 나중에 사랑으로 느끼는 사람이 있습니다. 그래도 다행입니다. 개중에는 평생 동안 느끼지 못하는 사람도 있습니다. 안타까운 사람입니다. 하나님의 사랑, 부모의 사랑을 나중에서야 깨닫는 사람들이 많이 있습니다. 부모의 사랑을 간섭이라고, 잔소리라고 느끼던 자녀가 어느 날 그게 사랑이었음을 느끼는 날이 있습니다.

사랑을 사랑으로 받아들이는 것, 이것은 당연한 것이 아닙니다. 이것은 능력입니다. 큰 능력입니다. 하나님이 예수를 믿는 사람에게 성령을 주셨습니다. 성령을 받으면, 사랑이 사랑으로 분명하게 느껴집니다. 사랑을 사랑으로 받아들입니다. 우리가 성령을 받아야 할 이유가 여러 가지입니다. 사랑을 사랑으로 받기 위해서도 성령을 받아야 합니다.

받은 사랑은 표현해야 합니다. 예수님은 하나님이 자신을 사랑하시는 것을 알고 그것을 표현하며 사셨습니다. 자신이 하나님 아버지께 사랑받고 있다는 예수님의 고백을 우리는 성경에서 어렵지 않게 찾아볼 수 있습니다. 예수님께서는 "내가 내 목숨을 버리는 것은 그것을 내가 다시 얻기 위함이니 이로 말미암아 아버지께서 나를 사랑하시느니라"요 10:17고 하셨습니다. 이 말씀 속에 아버지께서 나를 사랑하셨다는 예수님의 받은 사랑에 대한 표현이 있습니다. 예수님은 이와 같이 아버지께서 자신을 사랑하셨다고 여러차례 표현하셨습니다.

부모로부터 사랑을 받으면서도 부모님이 자신을 사랑하는 것을 알지 못하고 그것을 표현하지 못하는 안타까운 경우들이 있습니다. 우리는 예수님을 본받아 사랑받고 있는 것을 표현해야 합니다.

사랑에는 우선순위가 있습니다. 하나님이 최우선이고 그 다음에 사람입니다. 이 순서를 바꾸는 것에 대해 예수님은 주의를 주고 있습니다. 예수님께서 "아버지나 어머니를 나보다 더 사랑하는 자는 내게 합당하지 아니하고 아들이나 딸을 나보다 더 사랑하는 자도 내게 합당하지 아니하며"마 10:37라고 가르쳐 주셨습니다. 이 말씀을 부모나 형제를 사랑하지 말라는 것으로 오해해서는 안 됩니다. 예수님을 우선해서 사랑하라는 것입니다.

사람이면 다 사랑해야 합니다. 우리를 사랑하는 사람을 우리도 사랑해야 합니다. 그러나 우리의 사랑은 여기서 그쳐서는 안 됩니다. 우리를 사랑하지 않는 사람까지도 사랑해야 합니다. 주님은 제자들에게 "너희가 만일 너희를 사랑하는 자만을 사랑하면 칭찬 받을 것이 무엇이냐 죄인들도 사랑하는 자는 사랑하느니라"눅 6:32고 말씀하시며 그리스도인의 사랑은 이것을 뛰어 넘어야 한다고 가르치셨습니다.

사이가 좋으면 이웃이고 나쁘면 원수입니다. 하나님은 이웃도 사랑하라고 하셨고, 원수도 사랑하라고 하셨습니다. 형제는 말할 것도 없습니다. 가족은 더더군다나 말할 것도 없습니다. 사람 중에 사랑하지 않아도 되는 사람은 하나도 없습니다. 사람이면 다 사랑해야 합니다.

사랑은 귀히 여기는 것입니다. 바울이 데살로니가 교회에 써 보낸 편지 속에 있는 "그들의 역사로 말미암아 사랑 안에서 가장 귀히 여기며 너희끼리 화목하라"살전 5:13는 말씀 속에서 우리는 이 사실을 알 수 있습니다.

　귀히 여기면 화목해집니다. 사랑하면 화목해집니다.

사랑은 괴롭게 하지 않는 것입니다. 바울은 골로새서를 통해 남편들을 향해 "아내를 사랑하며 괴롭게 하지 말라"골 3:19고 했습니다. 사랑의 소극적인 의미는 괴롭게 하지 않는 것입니다. 상대가 괴로워하는 일을 거듭 반복하면서 사랑한다고, 사랑해서 그런다고 둘러대서는 안 됩니다. 또한 사랑은 이웃에게 악을 행하지 않습니다. 그러므로 사랑은 율법의 완성입니다.롬 13:10

사랑은 서로 우애하는 것입니다. 사랑은 먼저 존경하는 것입니다. 바울은 로마서를 통해 우리에게 "형제를 사랑하여 서로 우애하고 존경하기를 서로 먼저 하며"롬 12:10라고 권하고 있습니다.

사랑은 용서하는 것입니다. 바울은 고린도 교회 성도들에게 "사랑을 그들에게 나타내라"고후 2:8라고 권했습니다. 여기에 나오는 그들은 많은 사람에게 벌 받는 것이 마땅한 근심하게 한 자입니다. 바울은 차라리 그를 용서하고 위로하라고 하면서 이 말을 한 것입니다. 사랑을 그들에게 나타내라는 것은 곧 용서하라는 것입니다.

설교의 목적은 사랑입니다. 디모데에게 써 보낸 편지에서 바울은 "이 교훈의 목적은 청결한 마음과 선한 양심과 거짓이 없는 믿음에서 나오는 사랑이거늘"딤전 1:5이라고 했습니다. 사랑은 설교자의 중요한 덕목입니다.

사랑의 호심경을 붙여야 합니다. 군인이 무장을 하는 것처럼 그리스도인들도 영적으로 무장해야 합니다. 바울은 데살로니가 교회 성도들을 향해 "우리는 낮에 속하였으니 정신을 차리고 믿음과 사랑의 호심경을 붙이고 구원의 소망의 투구를 쓰자"살전 5:8고 했습니다. 우리의 마음에 사랑의 호심경을 붙여야 합니다. 참고로 호심경은 갑옷의 가슴 쪽에 호신용으로 붙이던 구리 조각을 가리킵니다. 사랑하면 마음이 보호됩니다. 마음이 다치지 않습니다. 마음이 상하지 않습니다.

사랑에는 본이 필요합니다. 예수를 믿는 우리는 세상에 사랑의 본을 보여야 합니다. 세상 사람들이 '아, 사랑은 저런 것이구나. 사랑은 저렇게 하는 것이구나' 하고 볼 수 있도록 해 줘야 합니다. 특별히 영적 지도자들은 사랑을 몸으로 담아내야 합니다. 사랑을 그의 지도를 받는 사람들이 볼 수 있도록 해야 합니다. 바울은 후배 목회자 디모데에게 "12누구든지 네 연소함을 업신여기지 못하게 하고 오직 말과 행실과 사랑과 믿음과 정절에 있어서 믿는 자에게 본이 되어 13내가 이를 때까지 읽는 것과 권하는 것과 가르치는 것에 전념하라"딤전 4:12-13고 각별히 권면했습니다.

사랑은 자원하여 종이 되는 것입니다. 예수를 믿음으로 우리는 자유를 얻었습니다. 자유하게 되었습니다. 그런 우리에게 하나님은 "오직 사랑으로 서로 종 노릇 하라"갈 5:13고 말씀하십니다. 구약시대에 자유하게 된 종이 스스로 종이 되기 위해 귀를 뚫었던 것처럼, 우리에게 스스로 서로의 종이 되라고 하십니다. 이것이 저 좋은 천국을 이 땅에서 누리며 사는 비결입니다. 성경이 지도자 된 이들에게 주장하는 자세로 하지 말라고 권면하는 것도 이와 무관하지 않습니다. 스스로 종이 되어 섬기겠다고 하면 그곳에서는, 그런 대인 관계를 통해서는 천국이 경험됩니다.

사랑은 비판하지 않는 것입니다. 바울은 로마 교회를 향해 "믿음이 연약한 자를 너희가 받되 그의 의견을 비판하지 말라"롬 14:1고 했습니다. 채식만 하는 사람과 고기를 먹는 사람들 사이에 일어난 갈등을 수습하기 위해 한 말입니다. 이렇게 말한 바울은 "2어떤 사람은 모든 것을 먹을 만한 믿음이 있고 믿음이 연약한 자는 채소만 먹느니라 3먹는 자는 먹지 않는 자를 업신여기지 말고 먹지 않는 자는 먹는 자를 비판하지 말라 이는 하나님이 그를 받으셨음이라"롬 14:2-3고 친절하게 추가 설명을 해 주셨습니다.

바울은 "만일 음식으로 말미암아 네 형제가 근심하게 되면 이는 네가 사랑으로 행하지 아니함이라"라며 "그리스도께서 대신하여 죽으신 형제를 네 음식으로 망하게 하지 말라"롬 14:15고 했습니다. 사랑은 화평의 일과 서로 덕을 세우는 일에 힘씁니다.

뜨겁게 사랑해야 합니다. 베드로는 형제를 거짓 없이, 마음으로 뜨겁게 서로 사랑하라고 권면합니다. "너희가 진리를 순종함으로 너희 영혼을 깨끗하게 하여 거짓이 없이 형제를 사랑하기에 이르렀으니 마음으로 뜨겁게 서로 사랑하라."벧전 1:22

사랑의 스킨십도 필요합니다. 오해되지 않는 범위 안에서 적절한 사랑의 스킨십을 성경은 권하고 있습니다. 베드로는 "너희는 사랑의 입맞춤으로 서로 문안하라"벧전 5:14고 했습니다. 따뜻하게 손을 잡아 주고 안아 주는 것도 필요합니다.

사랑은 표현해야 합니다. 성경을 보면 그리스도 안에서 형제 된 이들이 서로를 사랑하는 자들이라고 부르고 있는 아름다운 모습이 많이 나옵니다. 우리가 형제들을 부를 때 이렇게 할 필요가 있습니다. 사랑하는 형제님, 사랑하는 자매님, 사랑하는 성도님, 사랑하는 장로님, 사랑하는 집사님, 사랑하는 선교사님, 사랑하는 목사님, 사랑하는 아들아, 사랑하는 딸아……. 성경의 많은 예 중에서 사랑의 표현이 다른 것들을 하나씩만 소개합니다.

'사랑하는 자들아', '내 사랑하는 자들아'라고 부른 경우가 대부분입니다. "그런즉 내 사랑하는 자들아 우상 숭배하는 일을 피하라."고전 10:14 "그러므로 나의 사랑하고 사모하는 형제들, 나의 기쁨이요 면류관인 사랑하는 자들아 이와 같이 주 안에 서라."빌 4:1

개인의 이름을 넣어 부른 경우도 있습니다. "또 저의 집에 있는 교회에도 문안하라 내가 사랑하는 에배네도에게 문안하라."롬 16:5

'하나님의 사랑하심을 받은 형제들아'라는 표현도 있습니다. "하나님의 사랑하심을 받은 형제들아 너희를 택하심을 아노라."살전 1:4

'사랑을 받는 형제'라는 표현도 있습니다. "신실하고 사랑을 받는 형제 오네시모를 함께 보내노니 그는 너희에게서 온 사람이라 그들이 여기 일을 다 너희에게 알려 주리라."골 4:9

'사랑하는 아들 디모데'라는 친근한 표현도 있습니다. "사랑하는 아들 디모데에게 편지하노니 하나님 아버지와 그리스도 예수 우리 주께로부터 은혜와 긍휼과 평강이 네게 있을지어다."딤후 1:2

'우리를 사랑하는 자들'이라는 표현도 있습니다. "나와 함께 있는 자가 다 네게 문안하니 믿음 안에서 우리를 사랑하는 자들

에게 너도 문안하라 은혜가 너희 무리에게 있을지어다."딛 3:15

사랑은 계속해야 합니다. 히브리서는 우리에게 "1형제 사랑하기를 계속하고 2손님 대접하기를 잊지 말라"히 13:1-2고 권하고 있습니다. 사랑을 하다 보면 상대에게 사랑이 사랑으로 전달되지 않는 것으로 인해 실망할 때가 있습니다. 하던 사랑을 거두고 싶은 마음이 들 때가 있습니다. 그러나 우리의 사랑이 지금 당장 상대에게 사랑으로 전해지지 않는다고 해서 실망하거나 낙담하지 말아야 합니다. 사랑을 거두어들여서도 안 됩니다. 사랑은 중단하지 말아야 합니다. 사랑을 버리지 말아야 합니다. 특별히 처음 사랑을 버리지 말아야 합니다. 요한계시록에는 처음 사랑을 버렸다고 책망을 받은 에베소 교회가 있습니다.

우리를 향하신 예수님의 사랑은 끝까지 사랑입니다. "유월절 전에 예수께서 자기가 세상을 떠나 아버지께로 돌아가실 때가 이른 줄 아시고 세상에 있는 자기 사람들을 사랑하시되 끝까지 사랑하시니라."요 13:1

상대가 그것이 사랑인 줄 몰라도 우리는 여전히 사랑해야 합니다. 하나님이 우리를 그렇게 사랑하셨던 것처럼 말입니다. 시간이 지나면, 때가 되면 상대가 그것을 사랑으로 느낄 날이 있습니다. 그 날을 기대하며 우리는 여전한 모습으로 사랑해야 합니다. 선행이 격려가 필요한 것처럼 사랑 역시 격려가 필요합니다. 히브리서는 우리에게 "서로 돌아보아 사랑과 선행을 격려하며"히 10:24라고 가르치고 있습니다. 격려받은 사랑은 계속됩니다.

우리의 축복 속에 사랑이 들어 있어야 합니다. 유다처럼 우리도 축복할 필요가 있습니다. "긍휼과 평강과 사랑이 너희에게 더욱 많을지어다."유 1:2

사도 요한처럼 축복할 수도 있습니다. "은혜와 긍휼과 평강이 하나님 아버지와 아버지의 아들 예수 그리스도께로부터 진리와 사랑 가운데서 우리와 함께 있으리라."요이 1:3

바울처럼 하는 방법도 있습니다. "나의 사랑이 그리스도 예수 안에서 너희 무리와 함께 할지어다."고전 16:24

기도하는 형식을 취할 수도 있습니다. "내가 기도하노라 너희 사랑을 지식과 모든 총명으로 점점 더 풍성하게 하사."빌 1:9

선포 형식도 있습니다. "주 예수 그리스도의 은혜와 하나님의 사랑과 성령의 교통하심이 너희 무리와 함께 있을지어

다."고후 13:13

평안과 믿음을 겸한 사랑을 축복하는 것도 방법입니다. "아버지 하나님과 주 예수 그리스도께로부터 평안과 믿음을 겸한 사랑이 형제들에게 있을지어다."엡 6:23

모든 일을 사랑으로 해야 합니다. 이것은 명령입니다. "너희 모든 일을 사랑으로 행하라."고전 16:14 "그리스도께서 너희를 사랑하신 것 같이 너희도 사랑 가운데서 행하라."엡 5:2

우리는 모든 일을 사랑으로 해야 합니다. 무슨 일을 하든지 사랑이 동기가 되도록 해야 합니다. 범사에 사랑을 더해야 합니다. 베드로는 우리에게 "경건에 형제 우애를, 형제 우애에 사랑을 더하라"벧후 1:7고 했습니다. 바울은 모든 것 위에 사랑을 더하라고 했습니다. "12그러므로 너희는 하나님이 택하사 거룩하고 사랑 받는 자처럼 긍휼과 자비와 겸손과 온유와 오래 참음을 옷 입고 13누가 누구에게 불만이 있거든 서로 용납하여 피차 용서하되 주께서 너희를 용서하신 것 같이 너희도 그리하고 14이 모든 것 위에 사랑을 더하라 이는 온전하게 매는 띠니라."골 3:12-14

모든 일의 시작이 사랑이 되고 진행이 사랑이 되고 마침이 사랑이 되도록 해야 합니다. 참된 것도 사랑 안에서 해야 합니다. 그래야 자랍니다. 사랑 없는 참된 것은 성숙에 이르지 못합니다. 우리가 하는 선한 일들은 사랑을 겸해야 합니다.

"오직 사랑 안에서 참된 것을 하여 범사에 그에게까지 자랄지라 그는 머리니 곧 그리스도라." 엡 4:15

사랑의 빚은 져도 됩니다. 피차 아무에게든지 아무 빚도 지지 말라고 가르치는 성경이 예외적으로 져도 되는 빚을 하나 소개했습니다. 그것이 사랑의 빚입니다. "피차 사랑의 빚 외에는 아무에게든지 아무 빚도 지지 말라 남을 사랑하는 자는 율법을 다 이루었느니라." 롬 13:8

사랑은 감사함으로 받아야 합니다. 사랑을 받기만 하는 사람도 없고, 주기만 하는 사람도 없습니다. 사랑을 줄 때가 있는가 하면 받을 때도 있습니다. 사랑을 받을 때 부끄러워하거나 마음 상하지 말아야 합니다.

사랑을 추구해야 합니다. 우리는 사랑을 추구하고 사랑을 따라야 합니다. 이것이 성경이 가르치는 사랑법입니다. 바울은 고린도 교회를 향해 "사랑을 추구하며 신령한 것들을 사모하되"고전 14:1라고 촉구했습니다. 아들과 같이 사랑한 디모데를 향해서는 사랑을 따르라고 했습니다. "또한 너는 청년의 정욕을 피하고 주를 깨끗한 마음으로 부르는 자들과 함께 의와 믿음과 사랑과 화평을 따르라."딤후 2:22

사랑하지 말아야 할 것도 있습니다. 사도 요한은 "이 세상이나 세상에 있는 것들을 사랑하지 말라"며 "누구든지 세상을 사랑하면 아버지의 사랑이 그 안에 있지 아니하니"요일 2:15라고 경고했습니다.

바울은 디모데에게 말세의 특징 중에 하나가 사람들이 돈을 사랑하는 것이라고 일러주면서 교회의 지도자를 세울 때 돈을 사랑하지 않는 사람을 세우라고 권면했습니다. 히브리서는 "돈을 사랑하지 말고 있는 바를 족한 줄로 알라"히 13:5고 명합니다. 예수님도 "집 하인이 두 주인을 섬길 수 없나니 혹 이를 미워하고 저를 사랑하거나 혹 이를 중히 여기고 저를 경히 여길 것임이니라 너희는 하나님과 재물을 겸하여 섬길 수 없느니라"눅 16:13고 선언하셨습니다. 돈을 사랑하면 사람을 사용하게 됩니다.

사랑은 공부가 필요합니다. 하나님은 우리가 그리스도의 사랑을 알고 그 너비와 길이와 높이와 깊이가 어떠함을 깨닫기를 원하십니다. 바울은 에베소 교회 성도들을 위해 이렇게 기도했습니다. "17믿음으로 말미암아 그리스도께서 너희 마음에 계시게 하시옵고 너희가 사랑 가운데서 뿌리가 박히고 터가 굳어져서 18능히 모든 성도와 함께 지식에 넘치는 그리스도의 사랑을 알고 19그 너비와 길이와 높이와 깊이가 어떠함을 깨달아 하나님의 모든 충만하신 것으로 너희에게 충만하게 하시기를 구하노라."엡 3:17-19

사랑을 알아야 합니다. 그러기 위해 우리는 사랑을 공부해야 합니다. 사랑을 알게 해 달라고 기도해야 합니다.

5
그래도, 사랑!

사랑은 발을 씻어 주는 것입니다. 이 세상에 오신 예수님이 십자가를 져야 할 때가 되었습니다. 죽음의 순간이 다가왔습니다. 죽음이 아주 가까이 왔음을 아신 예수님이 하신 일이 있습니다. 요한의 기록을 정리해 보면, 예수께서 자기가 세상을 떠나 아버지께로 돌아가실 때가 이른 줄 아시고 세상에 있는 자기 사람들을 사랑하시되 끝까지 사랑하셨음을 알 수 있습니다. 저녁 잡수시던 자리에서 일어나 겉옷을 벗고 수건을 가져다가 허리에 두르시고 이에 대야에 물을 담아 제자들의 발을 씻기시고 그 두르신 수건으로 씻기기를 시작하셨습니다. 죽음을 앞두고 하는 일은 중요한 일입니다. 의미 있는 일입니다. 만약 우리가 살날이 3일 남았다는 것을 안다면 우리는 무슨 일을 할까요? 각자 하는 일은 다르겠지만 아마 자신이 생각할 때 가장 중요한 일, 의미 있는 일을 할 것입니다.

우리는 죽습니다. 우리의 의지와 상관없이 우리 모두는 죽습니다. 다만 그날이 언제일지 모를 뿐입니다. 예수님이 재림하시는 날과 우리가 죽는 날은 공통점이 있습니다. 그날을 모른다는 것, 그날이 분명히 온다는 것, 그날이 종말이라는 것입니다. 예수님이 재림하시는 날은 세상의 종말이고, 우리가 죽는 날은 개인의 종말입니다. 그날이 언제인지는 모르지만 죽음을 앞에 두고 있는 우리는 어떻게 살아야 할까요? 무엇을 해야 할까요? 예수님은 그것을 몸으로 보여 주셨습니다.

발을 씻어 주는 일은 종의 일입니다. 당시 풍습은 집에 손님이 오면 종이 그 손님의 발을 씻어 주었습니다. 발을 씻어 준다는 것은 곧 종이 된다는 의미입니다. 억지로 누가 시켜서가 아니라 자원하여 종이 되는 것, 스스로 종이 되는 것입니다.

사람의 본성은 자기 마음대로, 자기 뜻대로 주장하고 싶어 합니다. 사랑은 이런 우리의 본성을 거스르는 것입니다. 내 뜻을 주장하는 대신 상대의 뜻을 따르고 내가 결정하려고 하기보다 상대로 하여금 결정하게 하고 그 결정을 따르는 이것이 발을 씻어 주는 것입니다.

어느 공동체이든지 질서를 위해 세운 직제가 있습니다. 부장이 있고 과장이 있고, 담임 목사가 있고 부목사가 있고, 남편이 있고 아내가 있고, 교사가 있고 학생이 있고, 부모가 있고 자녀가 있고, 결정권자가 있고 그 결정에 순종해야 하는 자가 있습니다. 이것은 하나님이 세우신 질서입니다. 이 질서가 유지되어야 그 공동체가 유지되고 그 공동체가 화평합니다. 하나님은 우리의 공동체 안에 질서가 있기를 원하십니다. 그래서 성경은 권위에 순복하라고 우리에게 가르치는 것입니다.

하나님은 우리의 공동체가 여기서 한 단계 더 업그레이드 되기를 원하십니다. 하나님은 에베소서를 통해 "그리스도를 경외함으로 피차 복종하라"엡 5:21고 가르쳐 주십니다. 하나님께서는 우리의 공동체가 피차 복종하는 공동체가 되기를 원하십니다. 피차 복종하는 공동체는 서로 발을 씻어 주는 공동체 곧 사랑하는 공동체입니다.

서로 발을 씻어 주면 피차 복종하는 공동체가 됩니다. 피차 복종하면 우리의 공동체가 단순히 질서유지 정도만 하는 공동체가 아니라 살아 역동하는 공동체가 됩니다. 숨죽이는 공동체가 아니라 생명의 호흡이 있는 공동체가 됩니다. 생명의 기운이 흘러넘치는 공동체가 됩니다.

사랑은 발을 씻어 주는 것입니다. 발을 씻어 주는 것은 스스로 종이 되는 것입니다. 사랑은 스스로 종이 되는 것입니다. 아내를 사랑하는 것은 스스로 아내의 종이 되는 것입니다. 남편이 아내의 종이 되어 복종하면 그 집이 피차 복종하는 공동체로 업그레이드됩니다. 그 집에 천국이 이루어집니다. 마찬가지로 목사와 장로가, 사장과 사원이 사랑하면 그 교회와 그 회사는 피차 복종하는 공동체로 업그레이드됩니다.

사장인 내가 어떻게 사원들의 종이 될 수 있느냐고, 부모인 내가 어떻게 자녀들의 종이 될 수 있느냐고, 남편인 내가 어떻게 아내의 종이 될 수 있느냐고, 선생인 내가 어떻게 학생들의 종이 될 수 있느냐고, 목사인 내가 어떻게 교인들의 종이 될 수 있느냐고 반문할 수 있습니다. 제자들의 발을 씻어 주시면서 예수님이 하신 말씀에 답이 들어 있습니다.

"13너희가 나를 선생이라 또는 주라 하니 너희 말이 옳도다 내가 그러하다 14내가 주와 또는 선생이 되어 너희 발을 씻었으니 너희도 서로 발을 씻어 주는 것이 옳으니라 15내가 너희에게 행한 것 같이 너희도 행하게 하려 하여 본을 보였노라" 요 13:13-15.

발을 내밀고 내 발을 씻으라고 하고 싶은 것이 우리의 본성입니다. 내 뜻을 주장하면서 내 뜻을 따르라고 하고 싶은 것이 우리의 본성입니다. 발을 씻어 주는 사람이 생기고, 부릴 수 있는 사람이 생기는 것을 출세라고, 이것을 사람들은 성공이라고 생각합니다. 그런 우리를 향해 예수님은 네 발을 거두고 다른 사람의 발을 씻어 주라고 하십니다. 네 뜻을 거두고 다른 사람의 뜻을 따르라고 하십니다. 주장하는 대신 섬기라고 하십니다. 스스로 종이 되라고 하십니다.

스스로 종이 되는 것이 사랑입니다. 이것이 잘 사는 것이고, 이것이 의미 있는 인생이고, 이것이 진정 이기는 삶이고, 이것이 영광의 길이고, 이것이 성공이고, 이것이 행복입니다. 우리 함께 일어나 수건을 허리에 두르고 우리 곁에 있는 사람들의 발을 씻어 주러 갑시다.

그래도 사랑해야 합니다. 언젠가 사랑하기를 보류한 한 주간이 있었습니다. 설교 시간을 통해 이 사실을 교인들에게 고백하기도 했습니다. 무척 힘들었습니다. 삶의 의미가 없어지는 걸 느꼈습니다. 더 정확히 말하면 목회에 대한 보람이 사라지는 걸 느꼈습니다. 교회가 이런저런 일을 하고 있었지만 보람도 느껴지지 않고 의미도 없어지는 것을 보면서 참으로 당혹스러웠습니다.

그때 비로소 내게 사랑이 없으면 아무것도 아니라는 말씀이 온몸으로 다가왔습니다. '사랑하지 않고 사는 것은 정말 아무 의미가 없구나' 하는 것을 느꼈습니다. 세월을 허비하지 말라는 말씀도 살아서 나를 향해 달려왔습니다. 사랑하지 않고 사는 것이 곧 세월을 허비하는 것이었습니다.

그 한 주 동안 신문을 봐도 사랑하라, 텔레비전을 봐도 사랑하라, 예전에 썼던 칼럼을 그냥 펴서 읽어도 사랑하라, 온통 '사랑하라'는 말만 눈에 들어왔습니다. 힘들었습니다. 그 기간이 한 주간으로 끝났으니 다행이지 계속 그런 중에 목회를 해야 했다면 그것은 정말 큰 고통이었을 것입니다.

그 일을 겪고 깨달은 것은 "난 결국 사랑하며 살 수밖에 없구나"라는 사실입니다. 그 어떤 것으로 합리화하려 해도 내가 사랑을 유보할 수 있는 근거가 성경에는 없었습니다. 그래서 포기했습니다. 포기하기로 했습니다. 그냥 사랑하며 살기로 했습니다. 그 후로도 가끔 사랑을 거두고 싶은 유혹을 받을 때가 있습니다. 그래도 그냥 사랑합니다. 사랑하지 않는 고통보다 사랑하는 평안이 훨씬 낫다는 것을 알았기 때문입니다.

사랑하지 않는데 드는 시간보다 사랑하는데 드는 시간이 훨씬 짧다는 것을 깨달았기 때문입니다.

그 후 나는 스스로를 향해 "그래도 사랑해야 한다"를 외치고 있습니다. 사랑을 유보할 이유나 근거가 떠오르면 그 말 뒤에 하는 말이 "그래도 사랑해야 한다"입니다. 나 자신에게 하는 말을 여러분에게 해봅니다.

그가 원수 같습니까?
"그래도 사랑해야 합니다."
당신을 욕하고 다닙니까?
"그래도 사랑해야 합니다."
만나고도 싶지 않습니까?
"그래도 사랑해야 합니다."
그가 없는 세상에서 사는 것이 소원입니까?
"그래도 사랑해야 합니다."
그가 있는 교회가 싫어서 다른 교회로 갈 생각을 합니까?
"그래도 사랑해야 합니다."
만나기만 하면 상처를 받습니까?
"그래도 사랑해야 합니다."

말을 함부로 합니까?

"그래도 사랑해야 합니다."

그가 너무 이기적입니까?

"그래도 사랑해야 합니다."

안 보면 그렇게 마음이 편합니까?

"그래도 사랑해야 합니다."

그의 인격이, 사고방식이 엉망입니까?

"그래도 사랑해야 합니다."

도무지 사랑할 수 없습니까?

"그래도 사랑해야 합니다."

참을 만큼 참았습니까?

"그래도 사랑해야 합니다."

사랑해도 소용없을 것 같습니까?

"그래도 사랑해야 합니다."

사랑할 가치가 없어 보입니까?

"그래도 사랑해야 합니다."

사랑을 주기가 아깝습니까?

"그래도 사랑해야 합니다."

창조적으로 살고 싶으면 사랑해야 합니다. 창조적으로 살고 싶습니까? 창조적인 아이디어로 사업을 하고 싶습니까? 창조적인 직장 생활을 하고 싶습니까? 창조적인 마인드를 갖고 목회를 하고 싶습니까? 자녀를 창조적인 아이로 키우고 싶습니까?

창조적으로 살고 싶은 것, 아마 이것은 모든 사람들의 마음의 소원일지 모릅니다. 어떻게 하면 이것이 가능할까요. 깨닫고 보니 이것도 사랑하면 가능합니다.

사랑은 빛입니다. 미움은 어둠입니다. 사랑하는 것은 빛이 들어오는 것입니다. 빛이 들어오면 어둠이 물러갑니다. 사랑하면 어둠이 물러갑니다. 사랑하면 생각 속에 있던 어둠이 물러갑니다. 환경 속에 있던 어둠이 물러갑니다. 그 속에 가득 차 있던 혼돈과 공허와 흑암이 물러갑니다. 어둠이 물러간 자리는 빛이 대신합니다. 깜깜하던 대인 관계가 밝아집니다.

누군가를 사랑하지 않으면 미워하게 됩니다. 미워하면 그와 갈등 관계가 형성됩니다. 갈등 관계가 형성되면 그 사람이 내가 청하지 않았는데도 나를 찾아옵니다. 시도 때도 없이 나를 찾아옵니다. 잠시라도 시간만 있으면 찾아옵니다. 불청객이 되어 나를 힘들게 합니다. 그가 내 머릿속에 머무는 시간이 늘어납니다. 그가 찾아오면 괴롭습니다. 비록 머릿속에서지만 그에게 복수를 합니다. 그러다 정신이 들면 그러고 있는 자신이 싫어집니다.

어떤 사람이 볼링을 하면서 1번 핀을 자기가 미워하는 사람으로 생각하고 볼링공을 던졌다고 합니다. 심한 경우 어떤 사람은 골프공을 자기가 미워하는 사람의 머리라 생각하고 골프채를 휘두르기도 했다고 합니다. 오죽하면 그렇게 했을까마는 그런다고 미워하는 사람이 골프공 날아가듯 사라지는 것은 아닙니다.

이러는 동안에는 일을 할 수 없습니다. 창의적인 생각이 나올 수 없습니다. 그 사람 미워하느라고 창의적인 아이디어는커녕 일상적인 생각조차 하기 어렵습니다. 도무지 생각을 할 수가 없습니다. 왜 이렇게 될까요?

창의적인 아이디어, 창조적인 생각을 성경은 '모략'이라고 합니다. 사람의 마음에 모략 샘이 있습니다. 좋은 생각이나 계획이나 목적이 그 안에 있습니다. 사람 속에는 모략이 있습니다. 이 모략은 깊은 물과 같습니다. 그래서 모략 샘이라고 한 것입니다. 깊은 물은 맑고 깨끗하지만 길어내야 먹을 수 있습니다. 모략은 좋은 것이지만 길어내야 쓸모가 있습니다. 그것이 생각이면 현실화되어야 하고, 계획이면 이루어져야 하고, 목적이면 성취되어야 합니다. 그래야 의미가 있습니다. 아무리 좋은 아이디어가 있어도 그것이 실용화되지 못하면 그것은 단지 깊은 물일뿐입니다.

사람에게 모략이 있고 없고, 많고 적고, 크고 작음도 중요하지만 그보다 더욱 중요한 것은 그것을 길어낸 여부입니다. 모략이 없는 것이 아니라 모략을 길어내지 못한 경우가 많습니다.

사람의 마음에 있는 모략은 스스로 길어내기도 하고, 다른 사람이 길어내 주기도 하고, 다른 사람과 함께 길어내기도 합니다.

모든 사람이 그 마음에 있는 모략을 길어내는 것은 아닙니다. 사람의 마음에 있는 모략을 길어내는 사람이 있고, 그 모략 샘구멍을 막아 버리는 사람이 있습니다. 전자는 사랑하는 사람이고, 후자는 미워하는 사람입니다. 전자는 명철한 사람이고 후자는 미련한 사람입니다.

사랑해야 사람의 마음에 있는 모략을 길어낼 수 있습니다. 사랑해야 자신의 마음 안에 있는 모략을 길어 올릴 수 있습니다. 사랑해야 다른 사람의 모략 샘에서 모략을 길어 올릴 수 있습니다.

앞에서 우리는 누군가를 미워하면 그 사람이 시도 때도 없이 찾아온다는 것을 같이 나누었습니다. 우리가 미워하는 그 사람이 우리를 찾아와 하는 일은 우리 안에 있는 모략 샘구멍을, 창의적인 아이디어가 나오는 구멍을 막아 버리는 것입니다. 그래서 그 머리에 사랑하는 사람이 머물고 있는 사람은 창의적인 아이디어가 넘쳐흐르고 그 머리에 미워하는 사람이 머물고 있는 사람은 혼란스러움만 가득한 것입니다.

사랑하면 사람이 귀하게 보입니다. 좋게 보입니다. 모략은 사람의 마음 안에 있습니다. 사람이 귀하게 보여야 그 사람의 마음 안에 있는 모략도 귀하게 보입니다. 미워하면 어떤 것도 좋게 보이지 않습니다. 사람을 미워하면 당연히 그 사람의 마음에 있는 모략도 좋게 보이지 않습니다. 길어낼 필요성을 느끼지 못합니다. 이것이 미워하는 사람의 의견을 무시하고 묵살하는 이유입니다. 사람은 미워하는데 그의 의견은 귀히 여기는 경우는 흔치 않습니다.

사랑하면 인정합니다. 미워하면 무시합니다. 인정은 사람의 마음에 있는 모략 샘에서 모략을 길어내는 두레박입니다. 무시는 사람 안에 있는 모략 샘구멍을 막는 마개입니다. 남편을 무시하고, 아내를 무시하는 것은 배우자 안에 있는 모략을 사장시키는 것입니다. 그 마음에 있는 모략을 길어내 주는 명철한 배우자를 만난 사람은 복 받은 사람입니다. 이것은 우리가 명철한 사람을 만나고 지혜로운 자와 동행해야 하는 이유이기도 합니다.

매달 월급을 주고 고용한 사람인데 그 속에 있는 모략을 나오지 못하도록 막고 있는 사장이 있다면 이처럼 안타까운 경우가 어디 있을까요. 인정해 주지 않으면 인정받기 위해 더욱 열심을 낼 것이라는 사장의 그릇된 생각 하나가 많은 직원들의 모략 샘구멍을 막아 버릴 수 있습니다.

사랑해야 합니다. 창의적인 아이디어로 창조적인 삶을 살기 원하면 사랑해야 합니다.

오래 참으면 거기서 바울이 납니다. 목회자였던 바울이 후배 목회자인 디모데에게 써 보낸 편지에서 바울은 "15미쁘다 모든 사람이 받을 만한 이 말이여 그리스도 예수께서 죄인을 구원하시려고 세상에 임하셨다 하였도다 죄인 중에 내가 괴수니라 16그러나 내가 긍휼을 입은 까닭은 예수 그리스도께서 내게 먼저 일체 오래 참으심을 보이사 후에 주를 믿어 영생 얻는 자들에게 본이 되게 하려 하심이라"딤전 1:15-16고 했습니다.

바울은 자신이 사도가 되기까지 오래 참아 주신 예수님이 계시다는 사실을 알았습니다. 바울의 이 고백을 읽고 바울의 일생을 살펴보니 그의 말이 맞습니다. 바울은 예수 믿기 전에 예수 믿는 이들을 핍박하던 사람입니다. 스데반을 돌로 쳐 죽일 때는 증인을 섰습니다. 그가 예수님을 만난 날도 그는 예수 믿는 사람 잡으러 가던 중이었습니다.

그가 사도가 되기 전에 한 모든 일을 하나님은 아십니다. 예수님은 아십니다. 다 아시고, 다 보셨습니다. 그럼에도 참으셨습니다. 오래 참으셨습니다. 바울은 그때는 몰랐습니다. 세월이 지나고 성장하고 성숙해지니 그것이 깨달아졌습니다. '아, 하나님께서 나에 대하여 참 오래 참아주셨구나.'

오늘 우리가 어떤 자리에 있든지 우리에게도 오래 참아 주신 하나님이 계십니다. 예수님의 오래 참으심이 있었기에 오늘의 우리가 있는 것입니다. 우리에게도 차이는 있지만 '과거'가 있습니다. 그때 예수님은 우리에 대하여 참으셨습니다. 오래 참으셨습니다. 만약 예수님이 참지 않으시고 우리의 행위 그대로 갚으셨다면 우리 중 아무도 지금 서 있는 자리에 없을 것입니다.

예수님이 우리에 대해 오래 참아 주셨음이 느껴지면서 더불어 오는 은혜가 있습니다. 사람들 중에도 우리에 대해 오래 참아 준 이들이 있습니다. 만약 우리 곁에 있는 이들이 우리에 대해 오래 참아 주지 않았다면 역시 우리의 오늘은 없습니다. 우리의 부모님들이 우리에 대해 참아 주셨습니다. 기다려 주셨습니다. 격동의 사춘기를 보낼 때도 참아 주셨습니다. 나약하고 부족한 우리에 대하여 오래 참아 주셨습니다. 기다려 주셨습니다. 그래서 오늘 우리가 여기 있는 것입니다. 비단 우리에 대하여 오래 참아 준 분이 부모님만은 아닙니다. 우리를 아는 많은 이들이 우리에 대하여 오래 참아 주었습니다.

오래 참아 줘야 사람이 됩니다. 이런 관점에서 성경을 보면 성경에 하나님의 오래 참으심을 비롯한 오래 참음의 역사가 많이 기록되어 있습니다. 어떤 분은 하나님이 있는데 왜 이렇게 악을 행하는 이들이 득세하느냐고 반문합니다. 하나님이 죽으셨기 때문이 아닙니다. 하나님은 오늘도 참고 계십니다. 하나님은 저들이 돌아오기를 기다리며 참고 계십니다.

오래 참으면 거기서 바울이 납니다. 만약 예수님이 바울에 대하여 오래 참지 않으셨다면 세계 선교의 초석을 놓은 바울은 없습니다. 스데반이 순교 당할 때 증인이 된 그에게 하나님이 참지 않으시고 불을 내리셨다면 바울은 없습니다. 하나님의 오래 참으심의 열매가 바울입니다. 오래 참으면 바울이 납니다.

참기가 쉽지 않지요? 세 번까지 참는 것은 어떻게 해 보겠는데 더 이상 참기가 쉽지 않습니다. 오래 참기처럼 어려운 일도 없는 것 같습니다. 그래도 참아야 합니다. 열다섯 살짜리 자녀가 서른 살처럼 생각하고 행동하게 하는 최고 최선의 길은 15년을 참고 기다리는 것입니다. 15년만 참고 기다리면 그는 서른 살처럼 생각하고, 서른 살처럼 행동합니다. 기다리면 되는 일이 의외로 많습니다. 그저 오래 참기만 해도 되는 일도 많습니다. 그냥 참으려고 하면 안 참아집니다. 우리에 대하여 오래 참으신 예수를 바라보십시오. 우리에 대하여 오래 참으신 예수를 생각하십시오. 그러면 참아집니다.

고린도전서 13장 4절은 '사랑은 오래 참고'로 시작됩니다. 그렇습니다. 참는 게 사랑입니다. 그렇다고 책망을 해야 할 일도 그저 참고만 있으면 안 됩니다. 책망을 해서 될 일은 책망을 해야 합니다. 그게 사랑입니다. 그러나 오래 참아야 할 일을 책망해선 안 됩니다. 가정에서 훌륭한 자녀들이 나오는 것은 오래 참아 주는 부모가 있기 때문입니다. 부모가 한 일 중에 큰일은 오래 참은 일입니다. 교회에서 훌륭한 사람들이 나오는 것은 오래 참아 주는 교회 지도자들이 있기 때문입니다.

오래 참으세요. 오래 참아 주세요. 그러면 거기서 바울이 납니다. 세상 어떤 일도 오래 참음 없이 되는 일이 없습니다. 공부하는 우리 아이들도 지금 참고 있는 것입니다. 놀러 가고 싶고, 친구들과 어울려 다니고 싶은 것을 참고 공부하고 있는 것입니다. 아이들은 아이들 나름대로 참고 있습니다. 부모는 부모대로 참고 있습니다.

결혼 생활을 30년쯤 하신 분들에게 물어 보십시오. 남남이 만나 30년을 어떻게 이렇게 잘 살고 있느냐고. 대부분 그저 오래 참았을 뿐이라는 대답을 들을 것입니다. 젊은 날엔 오래 참는 것이 사랑인 줄 모릅니다. 성경에 쓰여 있어도 모릅니다. 그러나 나이가 들면 압니다. 일부러 알려고 하지 않아도 알아집니다.

"그래, 사랑은 오래 참는 거야. 예수님이 날 향해 오래 참으신 것같이 나도 참는 거야."

참지 못하고 견디지 못해 일을 그르친 경우들이 많이 있습니다. 어쩌면 우리 모두가 다 갖고 있는 경험일지 모릅니다. 그때 조금만 더 견뎠더라면, 그때 조금만 더 참았더라면 하는 아쉬움이 우리 삶에 있을 수 있습니다. 잘 견디지 못하고 잘 참지 못하는 것이 약점이라고 생각하는 분들도 있을 것입니다. 그러나 이것은 어느 특정한 사람의 약점이라기보다는 우리 모두의 연약함이기도 합니다. 우리는 본성상 잘 견디지 못하고 잘 참지 못합니다.

참고 견디는 것은 결심만 가지고는 안 됩니다. 힘이 있어야 합니다. 그래서 바울은 골로새 교회 성도들이 모든 견딤과 오래 참음에 이르게 해달라고 하나님께 구했습니다. 사람의 힘으로 견디고 사람의 힘으로 참을 수 있는 것에 한계가 있음을 바울은 알았습니다. 하나님의 도움을 받아야 모두 견딜 수 있고, 오래 참을 수 있음을 알았습니다. 그래서 바울은 골로새 교회 성도들을 향해 견디라, 참으라고 하기 이전에 하나님께 골로새 교회 성도들이 모든 견딤과 오래 참음에 이르게 해달라고 기도한 것입니다.

내 힘으로 견디고, 내 힘으로 참으려면 고통스럽습니다. 힘듭니다. 못 견딥니다. 못 참습니다. 견딜 수 없는 일, 참을 수 없는 일을 만났다면 그때는 기도할 때입니다. 그 전에도 기도해야 하겠지만 특별히 이런 상황이 되었다면 무릎을 꿇어야 합니다. "하나님, 모든 견딤과 오래 참음에 이르게 하옵소서." 기도하지 않으면 견디지 못하고 중도에 포기합니다. 이때 기도하지 않으면 참지 못하고 일냅니다. 사표 냅니다. 갈라섭니다.

참고 견디는 것은 자존심 상하는 일이 아닙니다. 패배하는 일이 아닙니다. 창피한 일도 아닙니다. 그것은 사랑입니다.

언젠가 설교를 하면서 10년, 20년, 30년 직장 생활을 하고 있는 성도를 향해 잘했다고, 잘 참았다고 격려해 준 적이 있습니다. 직장 생활을 하면서, 사업을 하면서 기분대로, 감정대로 하고 싶을 때도 많았을 것입니다. 그런데 부모님을 생각해서, 아내를 생각해서, 자녀들을 생각해서 견디고 참은 일이 많았을 것입니다. 결혼 생활을 하면서도 도망가고 싶은 순간도 있었을 것입니다. 그런데도 자녀들을 생각해서 견디고 참은 분도 있을 것입니다.

"잘했습니다. 잘 견뎠습니다. 잘 참았습니다. 여러분들이 견디고 참았기에 오늘이 있고 여러분들의 자녀들이 있는 것입니다."

에필로그

 책을 쓸 때마다 하나님이 집중력을 주십니다. 어떤 날은 이른 아침부터 늦은 밤까지 한자리에 앉아서 계속 글을 씁니다. 지켜보던 막내딸이 우리 아빠에게 주신 집중력을 자신에게도 달라고 기도합니다. 귀엽고 사랑스럽습니다.

 책을 쓸 때마다 행복합니다. 글 쓰는 행복, 책 만드는 기쁨을 누리며 삽니다. 하나님의 은혜입니다. 이 책을 통해 하나님이 하실 일을 생각하면 기쁨은 배가됩니다.

 이번 책을 준비하는 동안 구원받은 것에 대한 감사, 구원해 주신 하나님을 향한 감사가 계속 머물렀습니다. 죽은 다음에 받을 구원에 대해 쓰는 중에 인용할 요한계시록을 읽으면서 다시 한 번 '아, 이렇게 좋은 천국을 하나님이 준비하셨구나' 하는 생각에 가슴이 뛰었습니다.

 글을 쓰면서 읽은 고린도전서 9장을 통해 이 세상을 떠나면 저 천국에 들어갈 분명한 확신이 있는 바울을 만났습니다. 자유와 권리가 있지만 그 자유와 권리를 다 쓰지 않은 바울을 만났습니다. 이 세상을 떠나면 저 천국에 들어갈 것이라는 확신이 바울로 이렇게 하게 했습니다. 하늘의 상을 위하여 그는 기꺼이 이 땅에서 자유와 권리를 포기했습니다.

다시 한 번 깨달았습니다. '구원의 확신은 이 땅에서 하늘을 바라보고 살게 하는구나. 구원에 대해 헷갈리지 않는 사람들은 하늘의 상을 위해 사는구나.' 그 밤에 하늘의 상을 위해, 이 땅에서도 바울과 같이 하늘을 바라보고 사는 여러 성도들이 생각났습니다. 그 밤에 나도 작은 권리 하나를 내려놓았습니다.

이번에 마음의 소원 하나가 생겼습니다. 이 책을 읽는 이들마다 더 이상 구원에 대해 헷갈리지 않고 바울과 같이 이 땅에서도 구원받은 자로 하늘의 상을 위하여 살았으면 좋겠습니다. 사랑하며 살았으면 좋겠습니다. "내가 구원받은 증거가 바로 당신을 사랑하는 이것입니다." 이렇게 말하는 사람들이 많이 늘었으면 좋겠습니다. 이 책을 읽고 미움과 다툼이 멈추었다는 소식이 많이 들렸으면 좋겠습니다.

사랑합니다.

사명선언문

너희가 흠이 없고 순전하여……세상에서 그들 가운데 빛들로
나타내며 생명의 말씀을 밝혀 _ 빌 2:15-16

1. 생명을 담겠습니다
만드는 책에 주님 주신 생명을 담겠습니다.
그 책으로 복음을 선포하겠습니다.

2. 말씀을 밝히겠습니다
생명의 근본은 말씀입니다.
말씀을 밝혀 성도와 교회의 성장을 돕겠습니다.

3. 빛이 되겠습니다
시대와 영혼의 어두움을 밝혀 주님 앞으로 이끄는
빛이 되는 책을 만들겠습니다.

4. 순전히 행하겠습니다
책을 만들고 전하는 일과 경영하는 일에 부끄러움이 없는
정직함으로 행하겠습니다.

5. 끝까지 전파하겠습니다
모든 사람에게, 땅 끝까지, 주님 오시는 그날까지
복음을 전하는 사명을 다하겠습니다.

서점 안내

광화문점 서울시 종로구 새문안로 69 구세군회관 1층
02)737-2288 / 02)737-4623(F)

강남점 서울시 서초구 신반포로 177 반포쇼핑타운 3동 2층
02)595-1211 / 02)595-3549(F)

구로점 서울시 동작구 시흥대로 602, 3층 302호
02)858-8744 / 02)838-0653(F)

노원점 서울시 노원구 동일로 1366 삼봉빌딩 지하 1층
02)938-7979 / 02)3391-6169(F)

분당점 경기도 성남시 분당구 황새울로 315 대현빌딩 3층
031)707-5566 / 031)707-4999(F)

일산점 경기도 고양시 일산서구 중앙로 1391 레이크타운 지하 1층
031)916-8787 / 031)916-8788(F)

의정부점 경기도 의정부시 청사로47번길 12 성산타워 3층
031)845-0600 / 031)852-6930(F)

인터넷서점 www.lifebook.co.kr